JN116733

税理士になろう！ 4

小池和彰［編著］
東北税理士会［協力］

創成社

はじめに

東北学院大学において、日本税理士会連合会の寄附講座が、令和4年に行われた。本書は、『税理士になろう！』（創成社・２０１７年）、『税理士になろう！２』（創成社・２０１９年）『税理士になろう！３』（創成社・２０２３年）の続編になる。講師は基本的には東北税理士会の税理士の先生方であるが、今回は、東北学院大学の大学院出身で私のゼミ出身の先生方が多いかもしれない。

職業は、自分で選んでいるようであるが、結局のところ他人に選ばされているところがある。この職業についたら親が喜ぶのではないかとか、あるいは友人がうらやましがってくれそうだとかいう、潜在意識がある場合もあろう。例えば、銀行員とかあるいは、公務員とかを選ぶというのはそのような潜在意識の表れかもしれない。あるいは、親の職業を見ていて、まるっきり同じ職業を選んだり、親の職業と似た職業を選んだりする場合や、学校の先生のような職業を選んだりするのは、小さな時から目にしていて、何となくその仕事の内容がわかるからかもしれない。

本来は、自分の本当にやりたいことや将来の目標をきちんと考えて、進路を決定すべきなのかもしれない。やりたいこと、あるいは自己の適正を考慮し、進路を決定することは、以前から説かれてきたし、テレビドラマにおいても、しばしば、自分を見つめて、本当にやりたいことを探すことが、テーマとして選ばれてきた。

　寄附講座、特別講義Ⅴ租税概論が、学生に本当にやりたい職業を考えさせるきっかけになってほしい。それが私の願いである。先生方には、ご自身の体験談や、税理士という職業の面白さや、やりがい、あるいはご苦労などを話していただいている。受講した学生は、先生方の講義を通じて、これまで単なる経理マンにしか見えなかった税理士が、経営コンサルタントや法律の専門家、相談役、納税者のガードマンであることを知って、税理士という職業を再認識したのではないかと思う。

　我々は、一回しかない人生を生き、生命には限界があるので、充実した生活を送りたいと願っている。充実した生活を送るためには、仕事は重要である。やりたい仕事を選択して、そのやりたい仕事ができた方がもちろん望ましい。先生方のお話を通して、税理士という職業の面白さを実感してもらえたのではないか。

　講義録には、講師の先生方と学生との対話は除かれているが、実際の授業には、講師の先生と学生との会話のキャッチボールもある。特別講義Ⅴ租税概論は、講師が一方的に話すような大講義では無く、学生と一体となって成立する科目である。であるから、学生にとって親しみやすい授業であったのではなかったかと思う。

　原稿のテープ起こしの費用は、一コマにつき約３０、０００円である。簡単に辞退してくる税理士の先生も何人かいて、筆者は落胆し、ゼミの卒業生には、叱責したりもした。ここで謝罪させていただきたい。

本書の最終校正は、佐藤哲之氏はじめ、日高見税理士法人の事務職員の方々に協力していただいた。本当に感謝している。

創成社の塚田尚寛氏、西田徹氏にも感謝している。

東北学院大学の事務職員の皆様方、とりわけ教務課の坂本由香氏には、寄附講座の運営で大変お世話になった。坂本氏がいなかったら、本書は世の中に出なかったかもしれない。心よりお礼を申し上げたい。

２０２３年冬

東北学院大学6号館5階研究室にて

小池和彰

≪著者紹介≫（執筆順）

前川　武政（まえかわ・たけまさ）　担当：第１章

税理士法人 Comsia　代表社員

齊藤　真紀（さいとう・まき）　担当：第２章

税理士法人小池事務所石巻支店　代表社員

安部修太郎（あべ・しゅうたろう）　担当：第３章

安部修太郎税理士事務所　所長

播磨　依子（はりま・よりこ）　担当：第４章

播磨依子税理士事務所　所長

高橋　宗夫（たかはし・むねお）　担当：第５章

高橋宗夫税理士事務所　所長

白田　祐一（しらた・ゆういち）　担当：第６章

白田祐一税理士事務所　所長

込堂　敦盛（こみどう・あつもり）　担当：第７章

日高見税理士法人新庄支社　社員

佐藤　哲之（さとう・てつゆき）　担当：第８章

日高見税理士法人　代表社員

小池　和彰（こいけ・かずあき）　担当：第９章

東北学院大学経営学部　教授

目　次

はじめに
第1章　これからの税理士・・・・・・1
第2章　女性の職業としての税理士・・・・・・47
はじめに／Ⅰ　事務所2か所問題／Ⅱ　女性の職業としての税理士／おわりに
第3章　成年後見制度・・・・・・65
はじめに／Ⅰ　成年後見制度のDVD／Ⅱ　あなたと共に歩む成年後見制度／Ⅲ　法定後見制度と任意後見制度／おわりに
第4章　所得税法トピックス・・・・・・93
はじめに／Ⅰ　所得税の特色／Ⅱ　所得税の計算の仕組み／Ⅲ　15種類の所得控除／おわりに

第5章　酒税こぼれ話・・・・・・113
はじめに／Ⅰ　課税対象の酒類について／Ⅱ　酒類の種類について／Ⅲ　清酒について／Ⅳ　焼酎について／Ⅴ　ビールについて／Ⅵ　ウイスキーについて／Ⅶ　スピリッツについて／Ⅷ　果実について／おわりに

第6章　外国の人たちのための税理士の役割・・・・・・145
はじめに／Ⅰ　国際税務の概要／Ⅱ　個人編／Ⅲ　法人編／おわりに

第7章　法人税法トピックス・・・・・・167
はじめに／Ⅰ　全体像／Ⅱ　法人成りとは／Ⅲ　個人事業と法人の違いについて／Ⅳ　就職活動／Ⅴ　法人成りした場合の税金に関するメリット／Ⅵ　シミュレーション／Ⅶ　一般社団法人（非営利型）への法人成り／おわりに

第8章　経営者の相談役としての税理士・・・・185
はじめに／Ⅰ　経営者とは／Ⅱ　税理士とは／Ⅲ　経営者と我々税理士の関係／Ⅳ　具体的な相談事例／おわりに

第9章　給与所得の意義・・・・・・217
はじめに／I　解釈が求められる各種所得の意義／II　給与所得の意義／おわりに

第1章　これからの税理士

前川武政

チャイムが鳴りました。皆さん、こんにちは。先ほど小池先生からご紹介いただきました税理士の前川といいます。自己紹介は後ほどタップリ目にさせていただこうと思いますが、まず初めに、皆さんにお配りしたレジュメといいますか、今日のお話の内容なのですけれども、ここにQRコードがあります。これを読んでいただくと、この画面が出てきます。この画面を開けていただくと右下にペンマークみたいなのがありまして、それを押すとニックネームと入力できる項目が出てきますので、どなたか分かりませんから、とりあえず適当なニックネームと、それから質問とか、その辺を入れていただけると、その都度私は、きょうたくさん話を用意してきてしまったのですけれども、途中で止めて質問にお答えしていきたいと思いますので、ぜひともこの授業だけにかかわらず、これまでの9月から始まったこの講座の中でちょっと分からなかったこととか、今聞きたいこと、例えば皆さんアルバイトしておられて、これから確定申告が要るかどうかとか、そんな話でも結構ですので、入れていただけるとありがたいです。「本日はよろしく」という文言は、私がちょっと入れてみたのですけれども、こんな形で入ります。よろしくお願いいたします。

それでは、今日のお話なのですが、これからの税理士というタイトルでお話しするようにと言われたのですが、私が税理士会を背負って、これからこうなるんだというようなことを言うのはおこがましいなと思いまして、でも一応与えられたテーマですので、最後には私が考えるこれからという意味で、こうしていかないといけないのではないかという話ができればと考えております。

それから、これからの税理士を話すに当たっては、まず自己紹介をすることで、ちょっとリアルな税理士を知っていただくこと。これまで9回、皆さん14回ですか、受けていただいているので、いろいろな税理士を見ていると思うのですけれども、こんな税理士もいるよという形で知っていただきたいというところです。これからの税理士といいましても、税理士の資格というところと、あと税理士事務所の仕事とは、ちょっと分けてお知らせしたいなと思います。それから、職業としての魅力と、私が思うところの魅力をお話しさせていただいて、最後にこれからの税理士というところで結論をお話しさせていただこうと思っております。

今日、私最後の授業なのですけれども、第1回からもう税理士の歴史というところが入っていましたので、今日お話しするところは、ほぼほぼ被っているところがあると思うのですけれども、ちょっと復習みたいなつもりで聞いていただいて、そんなこともあるのかという気づきが一つでもあれば幸いでございます。

まず、日本税理士会連合会というのがありまして、全国に税理士会が15あります。これが税理士のマーク、バッチです。私もしているのですけれども、私はちょっと白いです。今ちょっと大阪の方で白いのがはやっていまして、白いのをつけていますが、普通は大体黒っぽい色です。

税理士は税理士会に必ず所属しないといけないことになっていまして、こういった15の税理士会の中のどこかに所属していると。私は大阪で事務所をやっていますので、近畿税理士会に所属しているということでございます。ここは東北税理士会ということで、これまでの先生方は皆東北税理士会の所属の先生という形になります。

今、ぬいぐるみ置いていますけれども、これはにちぜいくんといいまして、日本税理士会連合会で今私は広報部長をしておりますけれども、広報部で一生懸命推していますオリジナルキャラクターです。またこんなの見る機会ありましたら、何か言っていたなと思い出していただければ幸いでございます。

私の紹介です。私は52歳です。日本税理士会連合会の広報部長で、近畿税理士会に所属しております。事務所が大阪ということで、近畿税理士会で、住まいは兵庫県西宮市、ご存知ですね、夏の甲子園球場とかあるところですね。あの近くに住んでおります。

それから、経歴ですけれども、大学は兵庫県の関西学院大学の商学部を出ております。そのままではないですけれども、大学院に進んでおります。通常、大学院ですと2年間で卒業なのですけれども、私は大学時代にいわゆるバブル経済の最後の最後に大学に入学しまして、非常にいい時代でした。皆さん、ご経験ないのがちょっとかわいそうなのですけれども、非常に遊びほうけていた時代でして、大学4年間は体育会ゴルフ部におり、ゴルフをしておりました。就職も、そんなに苦労せずどこでも行けたような時代でして、ゴルフ場にでも就職しようかなと思っていたものですから、大学4年間は全く勉強しておりませんでして、卒業するときにちょうど決めていたゴルフ場が倒産するかもしれないと言われて、ちょうど平成5年ぐらいからどんどん会社が倒産し始めました。バブルの崩壊ですね。それで、ほかも当たったのですけれども、ほかも危ないということで、父が税理士だったものですから、ちなみに私はこの時、まさに就職する前まで税理士という仕事を全く知りませんでした、恥ずかしながら。父が税理士だというのは知っていましたけれども、どんな仕事をしているかも全く知りませんでした。結局父に相談しまして、就職どうしようかと考えていると言ったら、税理士になるのだったら応援してやるということで、大学院に行くことを決意したわけですけれども、全然勉強していなかったので通りませんでした。結局、浪人させてくれといったら、家事手伝いを全部するのだったらいいよということで、晩ご飯の用意とか、ごみ捨てとか、そういうのを全部するという約束で浪人させてもらって、大学院へ次の年に何とか入ったということです。大学院時代はもう税理士を目指していましたので、大原簿記専門学校という受験校があるのですけれども、そこに通いながら大学院に行きまして、2年目ですけれども、23歳で法人税に合格しました。それから、修士課程を修了してから、父の事務所にすぐに入るのが嫌でした。皆さんの中には、お父さんとか自分のところで会社されていて、2代目、3代目の方とかいらっしゃるかもしれませんけれども、私は2代目になるわけですけれども、父の事務所にいきなり入るのが嫌でしたので、別の先生のところで勉強させてもらいたいということで知り合いを訪ね、公認会計士のアダチ先生というところに入りました。そこで2年間勉強させていただきながら、同じく学校に通って、ようやく2年目で消費税と事業税に合格しました。

税理士試験の話も聞いたと思うのですが、5科目合格しないといけないのですけれども、私は大学院を出ていますので、簿記論と財務諸表論は修士論文を書くことで免除を受けています。なので、税法の法人税と消費税と事業税を受けてコンプリートという形です。今は、会計学でも簿記論と財務諸表論のどちらかを受けないといけないのですけれども、私が大学院にいったときは両方とも免除してもらったので、非常にいい時代だなと思います。

それから、父の事務所に入りまして、登録したのが28歳です。その後、税理士事務所を継ぐと言いましても、資格は個人に所属するものですし、お客さんも事務所に当然ついているのですけれども、私が行ったところで私のお客さんにはなりません。なので、父と話をして、私は私で同じ場所にいながら、自分のお客さんを取っていくというようなことをしたいということで話しまして、自分の事務所を開設、場所は一緒です。それが32歳。

その後、平成26年にいよいよ事務所をやれということで、だったら税理士法人にしたいということで法人をつくりまして、税理士法人Comsiaをつくりまして、私が代表になったということです。父は勤務という形になりました。今10人ぐらいでやっています。

次に、税理士という資格についてお話しします。税の歴史と税理士の歴史、第1回でやっているのと思うのですが、簡単に復習ということで、明治時代に地租改正が行われまして、営業税というのが導入されました。このときは地方税中心でした。明治以前は藩ごとに国みたいなのがありましたので、当然このときにも地方税が中心で、府県収税署、府県でそれぞれ税金を納めると。あとは、それを国に府県が納めるという形になっていました。

それから、日清戦争がありまして、その後、日清戦争に日本は勝つわけです。勝った後に、さらに軍需拡大ということで営業税が導入されます。このときに、戦費調達というところから、地方で集めているのではなく、国で一括で集めようということで、国税になるということで、税務署ができます。

１８９９年、署で法人所得税というのがあります。これまでは個人でみんな営業していたのですけれども、会社組織になってきました。では、そこからもしっかり税金を取ろうということで、法人所得税というのができました。

それで、日露戦争になります。日露戦争をするときには、非常にお金が要ったわけです。ですので、これまでの税収では足りませんので、非常特別税というのが導入されて、営業税からもどんどん増税になるわけですので、会社とか個人事業者がどんどん税金が多くなってくるわけです。それを何とかしてくれないかというところで、これまで税務署を退官された人とか、会計に詳しい人にみんな相談に行くわけです。何とか税金安くならないかということで、そうすると税務代弁業といいまして、お金をもらって相談に乗る人がだんだんと出てくるという形になります。

今、ちょっとしゃべっていて思ったのですけれども、私大阪なので関西弁がばんばん出ているかもしれませんが、聞きにくくてすいませんが、ご了承いただきたいと思います。

その後、日露戦争はまだまだお金がかかるということで、相続税が導入されます。営業税とか非常特別税を上げてもいいのですけれども、これ以上上げられても困るということで、ではどこに課税しようかというときに、相続税だと金持ちから取るので、そんなに批判はないだろうということで、一時的に導入されたという形が相続税なのですけれども、結局これが、この税収はいいだろうということで、今でも引き継がれているという税金になります。

それから、1912年ですけれども、営業収益税になります。これまでは、営業税というのは、取引の規模とか、そこに課税するという形だったのですけれども、利益に課税するという形になります。そうすると、ちゃんと利益を計算するということが非常に重要になってきます。なかなか、もちろん儲けは計算できるのですけれども、税金を計算するための利益というのは、また違いまして、これを計算するのにやっぱりプロの力を借りなければいけないということで、ますます相談をしに行くわけですけれども、そんなにたくさんいないですね、相談できる人が。ですので、いわゆる似非が出てきます。そうすると、適当に教えて高額な報酬を取るという代弁業をする方が出てきたので、これは駄目だということで、特に商業の中心地であった大阪のほうで、大阪税務代弁者取締規則というのができます。これは何かというと、警察で取り締まる規則です。

もともと税務代弁業を警察で取り締まるということで、このルールができてからは、代弁業をするためには警察署に届け出る必要が出てきました。それから、そういう業をしてお金をもらうのに報酬規定というのをつくって、警察に認定してもらうという必要がありました。そういうのが初めのスタートです。

それから、第1次世界大戦が始まりまして、京都でも税務代弁者取締規則というのができました。とうとう全国的に、これはもう全国でちゃんとやらなければいけないなということで、税務代理士法を置くというので、全国で税務代理士という、税理士の前の資格になるのですけれども、この税務代理士法というのを整理して、しっかりと資格を与えたところです。このときには警察ではなくて、大蔵省、今の財務省ですね、そこの財務大臣の許可が必要ということになっています。

それから、1945年、ようやく太平洋戦争が終わりまして、この後税金は申告納税制度ということで、これまで税金の計算の元となる資料をしっかりと申告して、あとは行政があなたはこれだけねという形で税額を計算していたわけですけれども、ここで税額も自分で計算してくださいというルールに変わります。国税ですね。その後、証券取引法というのができまして、株の取引とかが活発化するわけですけれども、ここで株の取引について、しっかりと正しい情報が世の中に出るようにということで公認会計士という資格ができました。

それから、その後、シャウプ勧告、聞いたことがあるかもしれませんが、ちょうど戦後の混乱した日本の国づくりの一環として、GHQの要請によって、日本の税制使節団というのが組まれます。この団長がカール・シャウプさんといいまして、その人が勧告したということとでシャウプ勧告という形で、今の税制の基となった報告書が出ております。このシャウプさんというのはすごく一生懸命でして、世界で最も優れた税制を日本に構築するという意気込みで全国を取材して回って報告書を作成したということで、この報告書を基に今の税制がつくられているという形です。併せて、税理士法もこのときに、税務代理士法から税理士法に改正されて、整理されたという形です。

その後、今年まで数度の税理士法の改正がありました。ちなみに、去年税理士法の改正があったばかりですけれども、数年に一度必ず改正があります。

ここで皆さんに知っていただきたいのは、税理士という資格は法律で決まっているわけですけれども、勝手に決まっているわけではないのです。今の税理士法も、勝手に今の形になったわけではないです。どういうことかというと、もちろん財務省ですから、財務省で考えて、税理士はこうあるべきとか、こうしないといけないとかというところは決まるのですけれども、我々税理士がしていて、実際に業をしていて、もっとこうあるべきだというところも改正を伝えるわけですね。それを一生懸命伝えて、あとは法律を新しくするために、法律をつくっている人、国会議員ですね。国会議員にお願いして、新しい税理士法をつくっていくという形ですので、勝手にできるというのではなくて、我々もその改正に一生懸命力を入れているという形です。

先ほど、税制が申告納税制度と言いましたけれども、それに対して賦課課税制度というのがあります。これは、先ほど言いました、税額を計算する資料を出していただいて、行政が計算して、あんた、これだけねと賦課するわけです。地方税はこの方法が多いです。行政機関の処分により税額が確定する方法ということですが、これに対して申告納税制度というのは、国等の税金について、納税者が自ら税務署へ所得などの申告を行うことにより税額を確定させて、この確定した税額を納税者が自ら納付する制度ということで、日本国憲法の制定に始まる戦後の民主化政策の一環という形で導入されました。納税者が、自分の所得課税額を自ら計算して納付する申告納税制度、これは民主国家の財政を国民自ら支えるという民主的納税思想に根差すという形で導入されました。

ちょっと固い話で眠くなると思いますが、しばらく我慢していただきたいと思います。ちなみに、退屈になったら、先ほどのライブアンケートに何でも入れていただいたら話止めるので、ぜひよろしくお願いします。

具体的な税なのですけれども、申告納税制度というのは、自分で申告するのです。法人税が大体そうです。国税で、これに併せて地方税の法人事業税、地方税の法人住民税、これは申告します。税理士のメインの仕事といっていいですね。そのほか消費税。消費税も、負担するのは皆さんですけれども、納税するのは納税義務者の方、事業者の方となっています。その方たちは、自分で申告して自分で納税します。法人も個人も自分で申告します。それから所得税、これから確定申告がありますけれども、これも自分で申告します。相続税、贈与税、これもそうです。自分で計算して自分で納税します。

といいましても、皆さん税法知っていますでしょうか。知らないですね。条文を読んで、税額計算できますかというと、できませんね。なので、我々がその力になってお助けするということで税理士があるという形です。

これ、ちなみに日税連のテレビCMから持ってきました。今、こんなのSNSでもたまに流れていますけれども、見たことないですかね。

それに対して賦課課税は、固定資産税とか、自動車税とか、不動産取得税、これは行政のほうが、あなたのところの税金はこれだけですと納付書を送ってきますので、それを銀行か郵便局に行って納めるという形になっています。

あと、個人の確定申告をしますと、それが地方、いわゆる市役所とかに回って、事業税とか住民税が幾ら幾らですよという形で賦課されるという制度になっています。

あと、税理士という資格を持つと、ほかにもこのような仕事をしていいですよとか、しないということが、ほかの法律で決まっているものがあるので、紹介しておきたいと思います。例えば税務訴訟において、税を自分で申告するのですけれども、それは間違っていますということで処分を受けることがあります。そのときに、裁判に打って出るわけです。裁判の前に不服申立てというのがあるのですけれども、裁判になったときに弁護士と一緒に法廷に補佐人という形で立って、陳述できるというのが法律で書かれております。それから、会社の会計参与、これは株式会社の取締役とかと一緒に決算書類を作るという新しい役職になるのですけれども、これも会社法で税理士、公認会計士が会計参与になれると書かれています。

それから、国税不服審判所、先ほど税務訴訟と言いましたけれども、その前にここの不服審判所で1回ものです。そのときに審査してくれる人、裁判官みたいなのですけれども、国税審判官、これも税理士とか、公認会計士とか、弁護士がなれるという形になっています。

あとは、地方公共団体の監査委員、地方公共団体の中に入って監査するわけです。それとは別に、今度都道府県や市町村の外部監査委員、これは政令指定都市とか大きいところでは、外部の監査を経なければならないと地方自治法に定められていまして、その外部監査委員になるのが、会計士とか税理士と書かれています。それから、家庭裁判所の民事家事調定員とか、あとは国会議員の関係団体、政治と金とか、よくニュースになっています。これの、一応監査する人が登録政治資金監査人となりまして、この監査人の監査を受けなければならないという形になっています。

それから、成年後見制度、ご存じだと思いますが、その後見人の担い手として、これは法律に書いていているというよりも、今期待されているというところでございます。

飛ばしました、認定経営革新等支援機関、これは経済産業省が認める機関で、中小企業とか、小規模な事業者の経営支援をする認定の機関として、今全国で4万数千あるのですけれども、その大体67％が、税理士が登録しているという形で、コロナ禍においていろんな支援金が出ました。あの支援金って、申請するのが結構大変なのですけれども、その担い手として税理士がほとんどさばいたのではないかと思うのですが、頑張ったというところでございます。

そのほかの活動として、例えば租税教室というのをやっています。小学校とか中学校、高校で租税教室、税金の話、税って何かなとか、何で納めるのかなとか、どういうシステムでやっているのかなというのを、全国の教室で行って、税理士がやっています。それから、全国の税理士会での無料相談の開始ということで、税理士に頼むとお金が要ります。税金は義務で納めないといけないのに、何でお金が要るのだという話になってくるのですけれども、ある程度お金のある方はいいのですけれども、そんな税理士にお金払ってまで無理だわという方もいらっしゃいます。そういう方向けに無料相談会を設けて、相談を受けています。

それから、大学、大学院での寄附講座、今回この講座もそうですけれども、全国の大学でやらせていただいているというところです。

それから、あとは民間ですけれども、証券会社とか銀行、それから不動産会社がお客さん向けにセミナーとかするのですけれども、その講師として、もちろんお金をもらって、セミナーの講師を務めることがあります。あと、出版、本屋さんに行くと税のコーナーとか、資格のコーナーとかありますね。そこで税理士が専門書とか会計論とかを書いています。

そういう形で資格を取れば、こんな仕事もできるよという紹介を今のところでさせていただいたわけですけれども、次に税理士事務所の仕事です。これはうちの事務所の様子です。大体こんな感じでみんな仕事をしています。うちは10人ぐらいでやっているのですけれども、4人が税理士で6人は資格のないメンバーという形です。あえてこの税理士の仕事と書かずに、税理士事務所の仕事と書きました。実際に仕事をしていく上では、先ほど言いました、こんなこともできますよといったのは、税理士資格がないとできない仕事です。今からお話しするのは税理士事務所の仕事なので、お客さんからすると、例えば担当者が税理士であろうが、なかろうが、やるということです。なので、うちのメンバーも結構年配のメンバーがいますけれども、資格のないメンバーも私と同じ仕事をしています。もちろん税金の勉強をしながらやっています。

税理士事務所というのは、看板によっていろいろ言い方があります。この近くに税理士事務所がありましたけれども、例えば会計事務所、私ですと前川会計事務所というような看板を挙げているところもあります。それから、前川武政税理士事務所、これ登録上の正式名称はこの前川武政税理士事務所ということで、税理士事務所と書かないといけないことになっています。

これ、何で会計事務所なのかというと、後ほど言いますけれども、我々の仕事の中の大半といいますか、多くの部分が記帳代行、帳面を作るとか、試算表を作る、決算書を作ると、そういうところの比重が大きいものですから、会計の仕事をしている事務所ということで、こういう名前をつけるパターンと、それから公認会計士も税理士をしているのですけれども、公認会計士が事務所をつくるときに、看板は税理士事務所ではなくて、会計事務所という書き方をしています。公認会計士事務所としてあると思います。それから、税理士法人。うちの事務所は、今こういうふうにしてやっていますけれども、法人をつくることができるようになりましたので、今法人でやっているところは何々税理士法人というふうになっていると思います。

ちなみに、去年12月末現在の登録者数は全国で8万人になりました。税理士事務所は本店と支店とあります。東北地方では税理士が2、493人、6県でですね。税理士法人が159社と、それから支店115社、合わせて274社あります。この支店というのは、大概大きい事務所で、支店を東北税理士会管轄に設けていると、そういう意味合いです。なので、割と大きい事務所もたくさん東北にはあるのではないかと思います。

週刊ダイヤモンドという雑誌が先々月に出たときに、公認会計士、税理士、社労士の特集というのがありまして、そこで出た記事から引っ張ってきたのですけれども、なるほどなと思うのですが、税理士1人と、もしくは資格者1人と事務員2人が典型とあります。この税理士事務所は全国に3万弱、2万8、000ありますけれども、そのうち1人から10人未満が9割、小さい事務所が多いです。一部、10人以上の事務所、うちは何とかここに入ったかなというぐらいですけれども、例えば1、000人規模の事務所もありますし、500人以上いる事務所も東京にはあります。そういう事務所もあります。ただ、非常に少ないです。大体が9人まで。しかも、4人までの事務所が半分以上です。

でも、これはほかの士業もほぼ一緒で、弁護士事務所、公認会計士事務所もこうやっています。公認会計士事務所は監査法人で、お客さんも上場企業がほとんどですので、なかなか個人では公認会計士事務所はやりにくい。大体公認会計士で個人の事務所を持っているところは、税理士事務所を経営しているという形です。

なぜこんなことになるかということなのですけれども、これです。規模を大きくするメリットがあまりないということで、10人までの事務所で親先生ですね、例えば前川事務所とした場合に、私が1人、2人でやっていると、ほとんど私の収入で、残った分は全部自分の所得になりますね。ところが、人を雇うと人件費を払わなければなりませんから、自分の取り分が減ってきます。ということで、ずっと自分の取り分が減るわけです。なので、大体10人から30人ぐらいというのは、どれだけ大きい事務所にしても、自分の取り分は1割ぐらい、ようやくこの辺から40人、50人、１００人超えてくると、がっと上がってきて、大きい事務所になると、非常に大きい所得になるという形があるので、リスクもあるし、そんなエネルギーもないし、自分が生活して、家族でちょっと贅沢できたらいいなというところを目指そうと思うと、少人数でやる事務所が1位という形で独立した人が多いという形です。

それから、税理士事務所のお客さん、特定のお客さんです。一見さんとかはほとんどありません。たまに何か看板見てとか、どこかで見て電話しましたという人があるのですけれども、私的にもあまり新しいお客さんはさせてほしくないというか、実際にややこしいというか、とりあえず税理士に言えば、税金安くなんねやろという感覚で来ると非常にしんどいです。ちょっと偉そうなのですけれども、税理士は正しく税金を計算するためにいるので、多くも少なくも計算しては駄目なのです。正しく計算する。なので、安く適当に書くということは絶対にしないです。したらバッジがなくなるので。そうすると、それを期待して電話してこられる方も結構いらっしゃいます。どんな人かはちょっとおいおい話しますが、例えば固定のお客さんで顧問先とか、クライアントとか、通う先とか言います。顧問先というのは、大体顧問契約をします。毎月3万円とかで税務顧問しますとかでします。それに記帳代行料が幾らとか、決算料が幾らとか、申告料幾らという形でお金をもらうわけですけれども、そうすると継続的に事業をしている人が多いです。メインは会社です。会社も、この事業会社は小さいところから中ぐらい、大きいところまであります。そのほかは公益法人とか、学校法人なんかもあります。あと、宗教法人、これも今いろいろ宗教法人が問題になっていますけれども、宗教法人は非課税になっているのですね、事業は。その中でも課税の部分がありまして、その部分については申告しないといけないとなっていますので、顧問先でこういうところもあるということです。

それから、個人事業者の方、これは事業をされている方ですね。会社と同じように事業をされていて、個人でやっている人がほとんどです。それと、あと不動産賃貸業、アパートを貸している、駐車場を貸しているというような方も申告が要りますので、私たちが顧問させてもらったりします。それから、いわゆるプロスポーツ選手とか、芸能人、あとは士業ですね。私たち以外に弁護士とか、司法書士とか、社保、この人たちも顧問先になります。プロというところで、これは税理士の魅力の一つですけれども、有名人とおつき合いができると。ちなみに、この担当教授の小池先生は当学院のボクシング部の顧問です。すみません、先ほども話していたのですけれども、私のお客さんで元プロボクサーの世界チャンピオンがおりまして、その方はラスベガスで防衛戦をするような結構有名な方だったのですけれども、一応守秘義務があって、名前は言えませんが、詳しい方だったら分かると思うのですが、その方がチャンピオンになるちょっと前に、ある方の紹介で申告してくれと言われて、そのとき大体300万円ぐらいの所得の申告を始めたのです。その次の試合でチャンピオンになられたのですが、いきなり収入が2億円とかになって、えらいこっちゃなという形で、その次の年にラスベガスに呼ばれてという形で、とんとんと億の収入があって、申告は結構大変なことになっていました。そういう方です。今は引退されて、ボクシングジムを経営しながらWOWOWとかでボクシングの解説をしているという形ですので、大分その頃と比べると収入も形が変わりました。

それから、あと副業ですね。サラリーマンの方で副業をされている、UberEatsの方ですけれども、UberEatsをされている方で、税理士に申告を頼む方は少ないかもしれませんが、本を書いたり、YouTubeでちょっと当たったりという方なんかは、申告を継続的にしている方は税理士に申告を頼んでいると思います。

それから、それ以外の個人と書いたのですけれども、ここは継続的に収入がある方なので、継続的に関与しているということで、会社もそうなのですけれども、先ほどのプロスポーツ選手もそうです、プロボクサーの方もそうなのですけれども、私もおつき合いして20年ぐらいなのですね。大体税理士のお客さんは付き合いがすごく長くなるので、例えば皆さんの生まれる前からおつき合いしていて、皆さんが大学卒業して、社会人になってということまで一緒につき合っていく形が多いです。

それとは別に単発のお客さん、これが相続とか、贈与、もちろんこちらで大会社の事業承継とか、相続の相談はありますけれども、相続が起こったので申告が必要かもしれませんので、お願いしますという飛び込みの方はいらっしゃいます。あとは紹介の方ですね。

それから、不動産とか株式の譲渡で申告が必要な方がいます。引っ越したときに家を売りました、マンション売りましたとか、相続したじいちゃん、ばあちゃんが家を売りましたとか、そういう場合に譲渡所得の申告が必要になりますので、我々がお手伝いさせていただきます。

それから、株で儲かったとか、FXで儲かったとか、仮想通貨で儲かったという場合は、ご自身でされる場合もありますけれども、大概、損したら嫌だから税理士に相談しようかという形で相談を受けます。それから、今転売で儲かるみたいですね。これで儲けた人で申告していない人も結構いますけれども、そういう方はちゃんと税務署のチェックが来まして、税理士さんにお願いしに来るという形があります。今調査を受けているのですけれども、先生、お願いできますかみたいな依頼はたまにあります。あとはクラウドファンディング、これも所得税の申告、贈与税の申告かとか、申告が要るのか、要らないのかというような相談も結構あります。

今、税理士事務所の仕事で言いましたけれども、基本的に税理士事務所でやる仕事というのは、法律で決まっている部分とそうでない部分があります。法律で決まっている部分は独占業務といいまして、税務代理、税務書類の作成、税務相談、この3つです。この3つは、税理士法で税理士しかできないことになっています。これはこれまでの講義で恐らく聞かれたと思いますけれども、その納税者に代わり税務申告とか、それから税務署の対応とか、これをする税務代理、それと税務申告書の作成、これは税理士しかしていけないことになっています。それから、税務相談は、一般的な相談ではなくて、個人の話を聞いて税額まで出すという相談をする場合です。

そのほかに付随業務として、税理士業務に付随して財務書類の作成とか、会計帳簿の記帳、その他財務に関する事務を業として行うことができるとされています。

先ほど言いました税理士事務所で割と比重の大きい記帳代行という仕事ですけれども、大体会社とか事業をしていると、現金出納帳とか、売掛金や売上の管理帳、それから仕入の管理帳、その他補助簿とか、そのほかの事務、それから給与計算、この辺を経理します。大体その会社がするのですけれども、会社にあまり知識のある人がいないときは税理士事務所がします。その後、財務会計とか管理会計がありますけれども、小さいところは管理会計とかしませんので、財務会計、これは大体会計ソフトに入力していくわけです。複式簿記に従って。総勘定元帳を作って、毎月試算表を出して、これで決算すると。貸借対照表とか損益計算書、これは皆さん経営学部ですのでご存じかと思いますが、この辺が大体税理士が請け負うアウトソーシングですね。これに月々幾らもらって、決算のときにまとめて幾らもらうというような仕事になっています。

その後、申告書を作ります。これは一連の流れですけれども、大会社の場合には、経理部門や会計部門もありますので、申告書のみのお手伝いをするところが多いです。中会社はいろんな規模によって違いますが、小会社とか個人事業者はもう、この辺から領収書や通帳のコピーを持ってきて、先生、お願いしますという形で預かり、事務所で作ってしまうというやり方をしています。

ちなみに、小会社とか個人事業者というのはこんなイメージだなと思うのですけれども、服屋とか、本屋とか、靴屋、それから飲食店、ケーキ屋さん、工務店、1人親方の工事の人とか、そんな方の確定申告をしています。

個人事業者の場合は、当然自分で全て行いますよね。まず、本業、事業、仕事をします。仕事で請求書を起こしたり、領収書を発行したり、仕入れをしたり、こんなのも全部自分でします。家族に手伝ってもらうパターンもあります。従業員を雇っている場合もあります。その後、会計業務、さっきの記帳ですね、決算、これはなかなかご自身でできる人が少ないです。できたら、やっていただく方がいいのですけれども、やらない場合は税理士事務所に頼むことが多いです。

それから、従業員がいると給与計算があります。給与計算は、単に毎月幾らと渡すわけではありません。社会保険とか、源泉所得税とか、住民税を引いた後の金額を振り込むという形ですが、その計算を誰にしてもらいますかといったら、もう税理士事務所に頼みます。それから、あと税金ですね。確定申告、これも税理士事務所に頼みます。あと、源泉所得税のこの給与計算のときに引いた源泉所得税とか、この辺も分からないので税理士事務所に頼みます。そのほかの各種申請届出、これも仕事が忙しい時期に、ちょっと先生のところに頼むわという形で事務所に頼むことが多いです。なので、こういう場合の税理士事務所が関与するところはどこかという話なのですけれども、こんな感じです。まず事業を始めるに当たって、開始届が税務署に要るとか、そんなことはみんな知りませんので、取りあえず銀行で口座つくったら銀行員の人が、もう税理士さんは決めていますかみたいな言い方をされることがあります。我々、紹介でそういう方とつながることがあります。

それから、あとは今の会計業務です。自分で1回してみたいということで、ぜひやってもらいたいのですけれども、やっぱり仕事が忙しくなってくるとできません。毎日仕事が終わってから、電卓打ってとかやっていますね。領収書で計算して、帳面書いてと。あんなもの、だんだんしんどくなってきますので、もう先生やってと言って、全部持ってくるという形があります。もしくは、自分でやるのだけれども、どんなふうにしてつければいいかとか、どうやって整理すればいいかという相談に乗って、一緒にやっていきます。それから、給与計算、これもそうです。自分でする人もいますが、事務所にほとんどお願いするという形もあります。あとは、税務は完全に事務所任せです。

最近は、申告がすごく便利になってきまして、所得税なんかの申告を自分でしたい人向けにといいますか、スマホで確定申告ができるようになっています。だから、この中におられる方でも、アルバイトを掛け持ちしていて、還付申告をしようという方は、ぜひスマホでやっていただきたいと思うのですけれども、非常に便利です。

それから、追加で税金を払わなければいけなくなった場合でも、いわゆるau PAYとか、

PayPayとか、何とかペイで納税ができるようになりました。非常に便利になりました。ただ、これを申告するに当たっても、この税額であっているのかというのが分からないですね。なので、先ほど無料相談会場とか、税理士会がやっているのですけれども、そこを利用していただくとか、余裕のある方は税理士に頼んでいただくという形になっています。

今度は、小さい会社の場合です。これも小さい会社の場合は個人と一緒で、社長がほとんど自分でします。どんなことを考えているかというと、人、物、金、経営学部ですから、経営資源の話ですけれども、人と物と金と情報についてというところで、皆さんそれぞれ本業を頑張るわけですけれども、分からないことは結構税理士事務所に聞いてきます。どんな事業をどこで、許可申請がいるのかとか、誰と何人でするのか、雇用をどうするか、外注にするか、資金はどうするかというのを、小さい会社の社長は誰に相談するかという話なのですけれども、もちろん友達とか、同業の方とかに相談するのですけれども、それ以外で一番の相談相手は、どうしても税理士事務所の税理士、もしくは担当の人になります。あとは先ほどと一緒です。会計業務、給与業務、それから税務、やっぱり税理士事務所がほとんど関わっているという形になります。

中会社はこんな感じかなと思います。ちゃんと経理もいて、これは楽楽精算のコマーシャルで見たことがある方もいると思うのですけれども、経理だけ昭和じゃんとか言うやつですね。あとは工場があったり、社長と従業員が近くて仲よかったりするのですが、ある程度分業化しているのかなと感じます。中規模な会社になりますと、株主が社長だけではなくて、親族の方とか、あと一般のほかの方も入ってきて、株主総会をしっかりしているとか、あと役員でも社長と家族じゃない人が入っていたりとか、そういう形になってきます。あと、営業部隊、生産調達仕入れ部隊、総務とか間接部門ですね。大体この庶務、労務、経理、財務、これは大体総務で一括していますね。あと、外部の専門家もこの辺になってくると、関わりがあります。弁護士に顧問してもらっているとか、社労士に顧問してもらっているとか、あとコンサルタントとか、ここは税理士も関与しているわけですけれども、こういう会社でいきますと、やっぱり税理士事務所は大体相談業務として考えています。総務とか、経理、財務、給与計算とかは、ほとんど税理士事務所が関わっています。この外部の方たちとも連携を取る必要があります。

それから、調達とか営業、ここも新しい取引先があるんだけれども、こんな質問を受けたんだけれどもと言われて、税務のこととか、会計のこと、会計処理のことを聞かれたときは、自分のところで聞くのですけれども、大体中規模といっても、小さい会社のところは家族がやっていたり、そんなに経理の知識のない方が行ったりするので、税理士事務所に問い合わせがあります。

それと、役員とか株主総会に出てくれとか、一緒にやってくれという形が増えてきます、この辺になってくると、専門家の見地から意見を言ってくれということで、例えば社外取締役とか、社外監査役になってくれと言われることもあります。

中会社になってくると、この部分を担っていくよということをちょっと書いたのですけれども、例えば給与計算です。これはうちの事務所の6月のときの給与計算の明細ですけれども、この人は給与の総額が51万3、800円でした。ここから健康保険、厚生年金、それから雇用保険、所得税、住民税が引かれて39万9、651円が手取り額です。この計算を全従業員分して、会社はいつも振り込むわけですけれども、この計算とこの明細書も併せて事務所に依頼すると。事務所はそれを請け負い、作成しています。

すいません、ちょっと退屈になってきましたね。何かライブアンケートに入れてもらえたら助かります。

次に大会社は、いろんな大会社があるのですけれども、いわゆる上場会社という大企業もありますし、上場会社の子会社というところもあります。それから、取引はすごく大きいのだけれども、上場していない会社もたくさんあります。こういうところに税理士事務所、あるいは税理士が関わることは結構あります。私も今上場会社が1社、上場会社の子会社が3つ、それから上場してないけれども取引額が1、300億円という非常に取引高の大きい会社の顧問をさせてもらっています。そういう会社になりますと、社長は社長室があったり、財務部門、経理部門、それから取引は国際的にもなってきます。面接採用試験等もありまして、工場なんかも非常に大きいというようなイメージですけれども、完全に分業化しています。こんな感じですね。例えば総務でも、人事と法務と経理は違います。財務も別です。もちろん営業とか生産も別です。皆さんの中でも就職が決まっている方もいらっしゃると思いますが、会社は決めたが、どんな仕事をしたいか決めていない方もいると思います。また、勝手に配属が決まるのだろうと思っておられる方もいらっしゃるだろうし、私がお薦めしたいのは間接部門もいいのではないかなと思います。営業は花形ですけれどもね。

こんな感じで完全に分業化されています。外部の専門家も、大きい会社は監査を受けなければならないことになっていますので、公認会計士の監査を受けるのに監査法人に年間何千万円も払って契約しているという形です。

こういうところで税理士事務所がどう関与するかという話なのですけれども、まずほとんど関わります。これは関わり方によるのですけれどもね。私の例でいいますと、例えば経理部門、これは毎月経理部の方とミーティングをしながら、普段の処理がどうかとか、例えば今年の10月からインボイス制度というのが開始されます。皆さん、聞いたことありますかね。消費税の取扱いに非常に重要なインボイス制度、これを導入するのに、会社のルールをどうしたらいいのかとか、相談を受けながら、ではこういう書類を作りましょうとか、こういうシステムを利用しましょうという形を一緒に検討しています。

それから、たまに法務部門から、コンプライアンス上、これはどうなのかみたいな相談を受け、参考意見を聞かれたりすることがあります。また、人事関係の相談として、昇給試験のときに一緒に面接に立ち合ってくれないかということもあります。あと、生産、営業なんかは、先ほど小規模、中規模の会社で言いましたが、取引先との間の何か疑問点について聞かれることもありますし、あと私が関与させてもらっている上場会社というのは建設会社ですが、愛知県に非常に大きい開発案件があり、２５０億円の案件だけれども、こういう取引は大丈夫とか、設備投資をしたときに減価償却はどう計算するのかとか、借入金をいくらにすると、利回りどのぐらいかみたいな話で一緒のチームの中に参加したりもします。

それから、株主総会の出席者としては、社長、役員、それから監査役というのがあって、ここの社外取締役とか、社外監査役になると非常に仕事としてはうれしいです。取締役会に月1回参加して、給料が25万円とか、30万円とかもらえますので、もちろんそれなりに意見は言わないといけませんが、非常にいい仕事です。なので、大会社と関わりを持っていると、非常に労力が少なく、効率のいい仕事ができます。もちろん知識があっての話ですけれども、非常に大事なお客さんではあります。

ちなみに、先週、ちょうどこの用意をしているときに、1、300億円の大きい取引をしている社長が、私より年下なのですけれども、急に電話がありました。先生、仕事ではないのだけれどもということで携帯に電話かかってきて、何ですかと聞いたら、妻のお父さんが亡くなり、相続があったということです。それで、相続の申告の話かなと思ったら、それはまた別なところで知り合いにしてもらうのだけれども、お父さんの未収年金、亡くなって最後にもらえる年金がまだ未収とのことです。この未収年金が、奥さんがもらうことになっているのですけれども、この未収年金というのは相続財産ではないのですね。もらった人の所得なのです。それが分からず、相続税の計算に入れなければいけないのかという質問でした。いや、違います、違いますと、それは奥様の一時所得になりますので、45万円ぐらいもらうので、所得税はかかりませんと伝えました。一時所得は50万円までかかりませんのでと電話で話をして、よくよく聞いていくと、奥さんはちょっとアルバイトをしたのですね。社長の所得が非常に大きいので、配偶者控除とかないのですけれども、社会保険の扶養に入っているのです。社会保険の扶養に入れるのは、年収130万円までなのです。それを超えてしまうと、個人で社会保険に入らなければいけなくなるのです。奥さんの収入が年間で120万円ぐらいだとおっしゃったので、その一時所得を入れてしまうと、130万円超えるのではないですかという、そんな相談でした。それって、税理士の専門ではないのですけれども、そんなことも聞かれます。

そのほか、相続とか贈与税の申告と納税、相続税の申告は皆さん授業で受けられましたか。相続は亡くなったときから10か月以内に相続税の申告が必要になります。うちはそんなに財産ないし、かからんやろということなのですが、でも何ぼかはかかるのかというのが分かりませんね。そうすると、やっぱり相談に来るわけです、税理士事務所に。知り合いをたどっていくわけです。その金額でしたら大丈夫ですよ、基礎控除がありますからとか、税金はかかりませんけれども、自宅がありますので、特例を受ける申告をしないといけませんとか、そういった相談が割とたくさんあります。

あと、不動産、自宅マンションは評価をしないといけないです。今大体1、000万円ぐらいで中古で売っているから、安いからかからないでしょうと言うのですけれども、いやいや、そうではなくて、土地は路線価で計算します。建物は固定資産税評価額で計算しますという評価をしないといけないのですけれども、その評価も我々の仕事でやらせていただくという形です。

相続税が課税される被相続人は、約２０２０年のデータですが８・８％、１００人のうち８人か９人は相続税の申告対象になりますので、課税されなくても特例を受けるために申告しなければならない人を入れると、約10％は相続税の申告が必要かなと思います。大体亡くなった方が１３７万人ですので、12万件ぐらいの申告は最低でもあるかなということです。なので、これを専門にした税理士事務所があります。もう法人とか顧問なしに、特化して、うちは相続専門でやっていますからという形でやっている事務所もあります。

あとは、贈与税ですね。贈与税の相談も結構あります。相続が近づいている、結構年配のおじいさん、おばあさんが、どうやって残したらいいやろかとか、誰に残したら、どれだけ税金かかるやろかという相談があります。もっと若い人でも、自分が亡くなった後、家族にどうやって残してあげたらいいやろかという相談もそこそこあるのと、たくさん持っている人だったら、生前贈与しておきましょうかという相談もあります。

私も52歳になりまして、二十数年やっていますけれども、30代のときに事務所に来られたおじいちゃん、おばあちゃんがいて、相談に乗ったわけです。そうすると、遺言書を書きましたので、ちょっと子供たちが困らないように先生、預かっておいてくれといきなり言われまして、分かりましたということで、公正証書遺言だったのでコピーだけ預かり、十数年後に実際におじいちゃんが亡くなったのです。僕もすっかり忘れていたのですけれども、その息子さんから電話があり、何かあったら前川に電話しろと言われていますということです。

それで、実際そこから申告をさせていただいて、それからまた数年たって、今度はおばあちゃんが去年亡くなって、今から申告の手続をします。そんな長いおつき合いをさせていただきました。

ちなみに、お金の話ですけれども、おじいちゃんの申告のときには1億数千万円財産がありましたので、100万円ちょっとの報酬をいただきました。お金の話で申し訳ないのですが、相続税の申告というのは、手間もかかりますけれども、収入も結構おいしいという形です。いかがでしょうか。税理士事務所の仕事は、申告書の作成だけではなくて、税金計算に行き着くまでの相談とか、アドバイスも含めた周辺への関わりが非常に大きいということを皆さんに知っていただきたいということで話しました。むしろ、税金計算以外の部分の比重ですね。

税理士はよく何でも屋とか、会社のかかりつけ医というような言われ方もしています。実際、何でも屋と言われるからには知っておかないといけないし、やってあげないといけない、協力してあげないといけない、税理士にもよるのですけれども、専門ではないところで動かしていただくことが非常に多いです。それから、かかりつけ医と言っていますけれども、結局先ほど相続を専門でやっている先生がいますと言いましたけれども、私のところは相続もやっていますけれども、あまり専門的な、非常に何十億円とかいうような財産のときにはリスクも大きいので、仲のいい先生で資産税を専門にしている先生と組んでやります。もちろん報酬を折半にしてですね。そういう形で組んでいたりします。そういう意味で、自分のところで解決できないけれども、自分のところに相談してくれたら解決できますよというような形で対応するのがかかりつけ医という形の考え方なのです。そういう意味で税理士事務所というのは非常に役立っているのではないかと思います。

ここからさらに我々の仕事の魅力というか、宣伝をさせていただきたいのですけれども、皆さん、今お話を聞いていただいて、将来の選択肢として、税理士とか、税理士事務所に勤めていただくというのが私の希望といいますか、要望なのですけれども、全然皆さんになっていただく必要はございません。逆に皆さんが税理士になってしまうと、競争が激しくなるので厳しいなと思っているのですけれども、皆さんが経営者とか、それから税金を納めるときに、どう税理士を起用しようかというところを、今のお話を聞いた上で、ああ、そういうこともあるのだったら、税理士に1回相談してみようかとなっていただけたら、幸いかなと思います。さらに、それに加えて、将来の選択肢として、税理士は魅力あるよというのを少しだけご紹介します。

これは、税理士資格の専門学校のクレアールという学校のホームページから持ってきたのですけれども、まず安定的な仕事で平均700万円以上の高収入、高年収となっています。この学校が出しているデータですけれども、500万円までが25%、4分の1ぐらいあるのです。なので、税理士になったからって、必ずしも儲かるわけではございません。ただ、ちょっと夢があるなと思うのは、500万円から2,000万円、3,000万円、4,000万円ぐらいまで、場合によっては1億円を超える収入まで狙えるよという仕事です。これは多分収入と書いてあるのは、給与収入もそうなのでしょうけれども、事業収入、売上げですね。ここから経費とか払って、必要だったら人件費払って、先ほどの1人でやっていると実入りはいいけれども、何人かでやると、その分自分の手入れが少ないと話しましたけれども、それは規模によって違うということです。

それから、生涯資格である働きやすさ、自由さということで、一度資格を取ってしまえば転職は簡単というか、資格を持っていますので、どこでも行ける。これ、税理士事務所をやめて、一般の会社、上場会社とかに勤めることも可能です。僕の知り合いで、税理士事務所で給料が少なかったので、一般就職するといって、一般就職、中途採用で、今中途採用がどんどんできるようになっていますけれども、それで税理士資格を持っていますけれども、一般の事業会社で働きたいということで行ったのです。その彼が今財務部長になっています。びっくりしましたけれども、年収2,000万円超えているでと言っていましたね。すごくでっかい会社なのですけれども、うらやましいなというところです。

それから、女性の結婚、産後、再就職も有利です。最近は女性だけに限らず、男性もそうですけれども、再就職するときに資格がある、あるいは会計事務所、税理士事務所に務めた経験があるというのは非常に強いです。先ほど言いました税理士事務所って何でも屋、しかも税のプロですから、知識があって何でもできるので雇ってもらいやすいです。なので、再就職に有利です。

それから、様々な活躍の場があり、進む道の選択肢が豊富ということで、独立してもよし、大きい税理士法人に勤めてもよし、あと、年配の先生の事務所に勤めて、何年かたって事務所を引き継ぐという友達もいました。それから、一般の企業に勤めるのもよしと。財務部、経理部がメインに聞こえるかもしれませんが、もう1人私の知り合いで大きい会社というか、大きい会社になる会社に勤めている、いわゆる上場準備をしている会社です。これは有価証券報告書というちょっと特別な書類を作るのですけれども、これが作れるのですね、彼は。そうすると、そこに行って、税務知識もありながら、IPOの準備も手伝えるということで非常に重宝されて、報酬もいいですし、あとはストックオプションといいまして、株がもらえるのです。上場したときにぽんと何千万円か手に入れます。そんな仕事なんかもしています。

そのほかの魅力は、有名人と親しくなるかもしれません。さっき私、プロスポーツ選手の話をしました。うちは、芸能人はいないのですが、先ほどのプロスポーツ選手ですね。お笑い芸人とか、俳優、女優とかはみんな申告していますので、税理士は誰かがかんでいるわけです。そういうチャンスは結構多いです。紹介もありますしね。あと、それを専門にしている税理士事務所があります。芸能事務系というものです。芸能人とかスポーツ選手とかは経費が難しいのです。さっき私が担当していたプロボクサーの世界チャンピオンの方は、今ジムをしているのですけれども、もともとチャンピオンになったときの経費は、奥様が領収書を1年分ばっと集めて、私のところに持ってくるのですね。それを月別に並べて経理で整理をして、仕分けをしていくわけですけれども、自転車があったのです。自転車の領収書の裏を見たのです。トレーニング用と書いてあるのです。まあ、家で使っているのか、トレーニングか、ちょっと分からないですけれども、もちろん税務の申告をする場合は、家で使っているのは経費になりません。トレーニングだったら経費になります。なので、これに書いてあるわけですけれども、それをそうか、トレーニング用かということで経費処理をしたわけです。その方の当時、フェイスブックだったのですけれども、フェイスブックを見ていくと、ちょうど領収書に書いてあった日にちですね、子供に自転車を買ってあげましたと書いてあったのですよ。ぱっと見たら、あっ、自転車これだという話になりまして、チャンピオンに電話して、「何々さん、これ子供の自転車じゃないですか」と言ったら、「ばれました」とか言われて、そんな話で、「先生通ったら通るかなと思って」みたいなことを言われまして、「あきませんよ」ということで話をするのですけれども、そんな形で結構有名人とか、裏話なんかも聞けるような、楽しい職種であるかなと思います。

それと、他業種の疑似体験ができるということで、私は工場が好きでして、お客さんに製造工場があるのです。パワーショベルの手の部分を造っている、加工している会社が東大阪にありまして、そこに行ったらいつも工場を見学します。非常におもしろいです。溶接したりとか、最近工場の人が、前はベトナム人が多かったのですけれども、今はインドネシアの人が多くてという、世の中の流れとして面白いなと思うのですけれども、そういうのを見に行けるのと、実際にそれを経理処理で確認していくので、そうやって工場は成り立っているのかという疑似体験ができるということです。

それから、副次的な仕事のチャンスも多いということで、出版、これはもちろん自分の努力次第ですけれども、結構出版している先生も多いです。あと、初めに話した講演ですね。講演は結構いいです。1時間とか3時間とかしゃべって、十何万円とか、20万円とかもらえたりしますので、おいしいです。それから、あと公職、会社の取締役、監査役です。先ほどの大きい会社で、私社外監査役をしていまして、月に一回取締役会に出ていますけれども、非常にいいです。それから、以前私は上場を目指した不動産会社の取締役になったことがあります。そのときは普通に自分の事務所がありながら、その会社にも出勤するわけですけれども、そこでもらっていた報酬が700万円ぐらいでした。実際に行って事務をするわけですけれども、非常に面白かったです。これは、リーマンショックって皆さん知っていますかね。ちょうどミニバブルがあったのですけれども、そのちょっと前に行っていて、リーマンショックでその会社もしんどい思いをしましたけれども、何とか今復活して儲けていますけれどもね。その取締役になったことがあります。

おいしい話ばっかりしていますけれども、一方で大変なことがあります。何かといいますと、信用、信頼を裏切れないということです。お客さんはお金を払って、先生に任せておいたら間違いないという形で依頼していますので、常に100点満点でいないと駄目なのです。特に税務、知りませんでは通用しません。それから、間違えました。少なかったですという と問題があります。多かったです、では損します。なので、ここは信頼を裏切れませんので、大変です。

それから、時には労働関係の……、その前に途中でレポート書いていただくという話をしました。申し訳ないです。なので、実はちょっとテーマとか考えていなかったので、先ほど思いついたのですけれども、私がちょっとお話しした中で、税理士っていろんな仕事していますよ、こんなこともしていますよと言いましたけれども、その中でちょっと気になったぐらいの、こんなこともしているのかというようなことは何ですかというのを簡単にレポートに書いていていただけたらうれしいです。税理士ってそんなこともしているのかというところですね。

なぜそういう話をするかというと、皆さんの税理士のイメージってどうなのかなというのが気になっていまして、なかなか質問いただけないですけれども、私広報部長をしているので、電通とつき合いがあるのですけれども、税理士という資格を知っていますかと学生に質問したわけです。そうすると、95％は知っています。弁護士が97％だったかな。ところが、次に税理士ってどんな仕事しているか知っていますかと聞いたら15％は知っていますと。だから、85％は知りません、どんな仕事をしているか。しかも15％の人は、税金の計算とかでしょうという感じ。今私が話したような仕事をしているとか、全く皆さん知らないわけですね。なので、ちょっと知っていただきたいなという形で今日のお話をしています。レポートもそんな感じで、ああ、そんなことしていたんだなと、自分の感想なんかを入れていただけるとうれしいです。

それから、話戻りますが、ブラック化と言いました。常に期限のある仕事です。決算をして、2か月以内に申告しなければなりませんので、期限が限られています。なので、その期間は非常に残業、休日出勤しています。しないと間に合わないことが多いです。ちなみに、私は11月、12月、ほとんど土日は出たかな。なぜかというと、それはブラックと書きましたけれども、ブラックって、会社がやれと言って、やらされているパターンがブラックだと思いますけれども、我々の場合は自分が請け負うと思って受けているので、別にブラックではないですね。やろうと思ってやっているだけだと。しんどかったら、ごめんなさい、ちょっと忙しくてできませんと言えばいいので、それを私が言いたくないので一生懸命やっているということですが、ただブラック化していると言われます。

それから、大器晩成的人生と、まあ、最近はそうでもない方が増えましたが、これは何かというと、私の自己紹介で言いました、税理士資格を取ったのが28歳で、税理士法人の所長になったのが三十何歳で、いわゆる二十代では給与がちょっと少なめなのですね。これ、ちょっと小さくて見えにくいのですが、うちの事務所の、仮名ですけれども、ニシカワ、カヨ、マツイと3名の有資格者というか、うちに入ってきたときにはまだ資格がなかったのですけれども、その給与の年収の推移です。ちなみに、この青い線はネットで見た大きい会社、比較的５００人以上の従業員がいる会社の平均年収の線です。ここら辺はちょっと別にして、大体もう20代後半になってくると４００万円ぐらいありますね。このニシカワ、カヨというメンバーは、28歳、29歳でうちに入ってきたので、そのときは３００万円ぐらい。やっぱり１００万円ぐらい負けています。そこからぐんぐんと行って、２人とも大体三十三、四、五あたりで資格取ったのです。資格取ったときにはうちは500万円ぐらいです。この辺でようやく逆転ですかね。なので、22歳から働かれたら、10年ぐらいは平均より少ないです。その代わりじゃないですけれども、この辺からぐっと上がってきます。このマツイというのは女性です。このマツイはもともと資格を持っていまして、うちに33歳で入ってくれたのかな。入ったときは400万円でスタートしました。そこからずっと来まして、大体うちのところで45歳で1,000万円ぐらい。サカイ先生、うち頑張っていると思いません。(「頑張っています。めっちゃ頑張っていると思います」の声あり) はい。

僕、有資格者には1,000万円ぐらい出したいなと思っていましたので、45歳ぐらいでやっと1,000万円になりました。でも、一般の企業の平均でいくと大体600万円ぐらいみたいです。なので、やっとこの辺、元は取ったかなと。あと、ここからなのです。一般の企業の場合はここからもうちょっと伸びるのですけれども、800万円ぐらいまでで頭打ちで、50歳ぐらいがピークなのです。そこから60代はちょっと落ちていく感じなのです。税理士事務所は違うのです。何歳でも働けます、頭がしっかりしていれば。なので、45歳なんて税理士会では若手なのです。ここから20年はいけますからね。大逆転人生です。というのが、ちょっとこの業界のおもしろいところかなと思っています。

なので、ちょっと皆さんに提案ですが、これからの将来のルートとして、まず1つ目のルート、もう3回生、4回生は……、ごめんなさい、大阪なので4回生とか3回生とか言ってしまいますけれども、もう就職決まっている方はこの第1ルートには乗らないのですが、大学在学中に科目合格する。1科日か2科目取りあえず取る。次に、一般就職して、働きながら4科目まで取る。その後、税理士事務所に一旦勤め、この間に5科目達成する。これは何でかというと、税理士登録するためには、税理士事務所で実務経験が2年間必要となります。なので、一般就職して、ずっと会計とか税務に携わっていればいいのでしょうが、そうでない営業をしていて、営業も税理士になってから生きますので、ここで4科目取る。ここで5科目まで取ったら駄目ですよ。なぜかというと、5科目取ってから税理士事務所で実務経験だけ勤めようと思っても、税理士事務所が雇ってくれません。なぜかというと、お客さんを持っていかれると思うからです。なので、税理士先生も自分の生活がありますから、もう資格持っていて、実務経験だけうちにしに来たんやな、悪いけどほかでやってくれという形になります。なので、4科目まで合格しておいてリクルートというのがいいかなと。その後、実務経験も2年経過して5科目取ったといったら、税理士登録できますので、いろんな事務所、大きい事務所で事務所幹部を増やすとか、大会社でキャリアアップするとか、独立開業するとか、こういう形がいいのかなと。

次に、2つ目のルート、大学在学中に科目合格する、これは変わりません。その後、いきなり税理士事務所に就職する。それで5科目取ってしまう。これはなかなかいいです。もちろんそこにいる先生の善し悪しもあるのですけれども、見極めもあるので、事務所の幹部になってしまえば、先ほどみたいに収入もそこそこ頑張れますし、転職しても当然税理士事務所でやってきたんだなということの評価はしてもらえます。独立も、いい先生ですと、お客さん持っていきやという話で、独立の協力もしてもらえるというところです。

それから、3つ目のルート、これはもう大学在学中に科目取らなくても全然問題ないです。一般就職してから科目合格を目指す。その後税理士事務所に勤務して、その後、前と一緒です。これ、なぜ一般就職を1つ目に持ってきたかと言いますと、先ほど私がいろんな仕事がありますす、いろんな相談がありますと言いました。これ、税理士の勉強をしているだけでは答えられないし、要望に対して満足に対応ができません。経営者は相談相手が非常に少ないです。例えば会社で誰々君の給料増やしたいけど、何々さんの給料増やしてあげるほうがいいしな、でもどうしようかなというのを、ほかの従業員に相談できませんよね。誰に相談するか、ほぼほぼ税理士事務所の担当者、税理士に、ちょっと前川さん、どう思うっていう相談があります。あと、自分の給与です。自分の給与も会社のメンバーにオープンにして、俺も1,000万円ぐらい取りたいんやけどな、どう思うと言ったら、いや、取ったらいいんちゃいますか、これやったら説明もつくでしょうとか、いや、ちょっと多いんちゃいますか、今業績悪いですしとか、そんな相談に乗れるところは社長にないのです。なので、税理士にそんな相談があるのですけれども、ただ今の話は、従業員から見て、今の社長の判断ってどうなのだろうという視点も当然相談に乗ると言いますよね。そうすると、従業員の経験も考慮する必要があるわけです。なので、一般就職、別に経理とか、財務とか、労務とかだけではなくて、営業、製造、貿易、そんな仕事も経験していることで税理士になったときに非常に役に立つ。もしくは、税理士に1回なったけれども、またやっぱり再就職で大きい会社に就職する、これも絶対役に立ちますから、一般就職というのはいいのではないかなと。ただ、ちょっと勉強もしていただいて、週末専門学校に行っていただいて勉強するという形で資格取得を目指していただきたいと思います。

税理士試験というのは科目合格制になっています。一度に5科目取らなくてもいいのです。これはもう聞かれたと思いますが、さらっといきますけれども、11科目あって選択して5科目に合格すればいいわけです。国家試験の中で珍しいです。通った科目については一生有効ですので、私1科目だけ持っていますという人も結構います。それから、科目合格すると就職に有利です。今話していたとおりですが、また資格取得に関係なく、税理士事務所で働いた経験がある人というのは非常に重宝されます、間違いなく。

税理士になるにはですけれども、5科目に合格する、税理士試験を受けて合格する、あるいは科目免除、大学院に行って科目免除を受ける。そして、2年間は実務経験をする。そのほかには、弁護士、弁護士は税理士になれます。それから、公認会計士は一定の研修が途中で必要ですが、税理士になることができます。あと、税務署に一定期間勤務する、これもなかなかです。国税専門官、採用試験があります。ここで1次が筆記試験、2次が面接試験がありますが、国家公務員になるということですね。

税理士になった資格として、大体5科目合格者だと45・9%なのです。意外と少ないと思いませんか。そのほかは、大学院で一部科目免除とか、税務職員で23年または28年勤務、あるいは10年または15年勤務して、ちょっと試験を別に受けるというようなところで税理士になった人が37％。あと、公認会計士が6・2％、そのほかの資格が0・73％と、こんな感じです。2割と試験合格した人って貴重ですね。

それから、資格取得のある職業ってどんなのですかって。40％ぐらいは税理士事務所に勤務している人が多いです。ただし、公務員、さっきの国税ＯＢと言いますけれども、公務員の方が3割、あと会社員が比較的多くないですか。13％もいます。ここから資格を取っています。

試験が今年から大分受けやすくなりました。受験資格というのがあったのです。簿記と財務諸表の会計科目、税法科目とありまして、この簿記、財務諸表は誰でも受けられます。いつからでも受けられます。この税法科目はちょっと要件がありまして、大学の3年次以上で62単位取得していると。あと、社会科学に関する科目を履修しているという条件がありますので、税法科目を受けようと思うと、3年生、4年生でないと受けられません。ただ、この会計科目は、いつでも受けられますよということで、今年は8月ですかね、また試験がありますが、ぜひトライしてほしいと思います。

これ、今回、第72回の税理士試験の結果です。宮城県は1、320人受験されたのかな。1、000人受験されて、一部合格が160人でした。16％ぐらいということで、男女比率ですね、女性が3割ぐらいになっています。

学歴と年齢なのですけれども、在学中合格が、今年は科目合格436人合格しています。3割近いですね。大体みんな卒業してからが多いですけれども、あとこれ、専門学校は会計専門学校とかのメンバーですね。

　年齢を見てください。受験者、圧倒的に多いのは40代以上、もう30代かな。みんな働きながらトライしたのです。ただし、科目合格は圧倒的に25歳から合格率が高いです。なので、在学中に簿記とか財務諸表を1科目合格されると非常にいいのではないかなと思います。なので、特にこの会計科目2科目に関しては合格率も高いので、ここを入り口として受けていただく。会計の科目なので、会社行ってから非常に重宝します。なので、国家試験1科目通っているよというだけで、会社の見方も変わるのではないかなと思います。

　ということで、これからの税理士、将来どうなるかということで、私なりの結論を述べないといけないわけですけれども、税理士事務所の仕事がＡＩによって消えてなくなると聞いたことありますでしょうか。この講義の中でも話があったと思います。これはオックスフォード大学でＡＩを研究するチームがありまして、そこで２０１４年の話ですけれども、未来というのがあり、ＩＴの発達による自動化、ＡＩロボット化により、10年後には今ある職業の半分はなくなるという言い方をしています。その中でも、特に税務申告代行者が高位にランキングしていたというところから、税理士の仕事がなくなるのではないかという形で心配されていました。10年後にはということは２０２４年なので、来年にはなくなってしまうのかなという話なのですけれども、今のところ考えられないですけれども、確かにどうなるかなというところで、自分なりの考えを述べます。税理士事務所の仕事の一部は完全に消えてなくなりますというのが私の考えです。個人の確定申告はスマホで簡単便利になります。

これ、もう税理士がしないでもいいのです。難しい申告書を自分で調べる必要もなくて、スマホの処理に従って入れていけば出来上がる。申告も出来上がる。作成代理は不要。ここに税理士の役割はないのではないか。まあ、これ全部ではないですけれどもね。

それから、会計処理は自動入力、いわゆる記帳代行、事務所の仕事の大半がこれですよと言いました。領収書預かってきて、帳面預かってきて、会計入力して、試算表作って、決算書作って、申告書作りますという仕事が自動入力化されています、今どんどん。なので、その入力する人が要らなくなるのです。これは税理士事務所だけではなくて、会社の経理もそういう人が要らなくなるということです。これはなくなります。それから、会社の経理担当も人員削減。ただし、これだけで済まないのが事実なのです。

それから、会社の税務申告の自動作成、これも単純な税務申告の書類作成は不要になります。それから、この先はどんどんデジタル化していきます。これは税理士事務所も設備投資しなければいけません。なので、対応できない、しない事務所はもう不要です。仕事として無理です。成り立ちません。それから、税務行政もデジタル化、これどんどんデジタル化していまして、我々もそれについていかないと駄目ですね。もう代理業できません。なので、そんな事務所なんかもう要らないというところなのですが、先ほどから小会社とか個人事業者、中会社、大会社、それから相続なんかで我々が関わっているところを見ていただきました。これらの仕事、これは全くなくなることは、当分ないと説明しましたが、ほとんど自動化されてくると仮定すると、仕事なくなります。ところが、相談業、これはコンサルとか、コーチングとかという言い方をしますけれども、その辺の仕事はなくなることはないでしょう。それから、相続、贈与とかこれからもっと増える、そんな状況になります。経理も自動入力されますと言いますけれども、それが合っているかどうかは誰かが確認します。それから、決算が自動化、決算は自動化しません。それから、税金の申告、特例とか、税は毎年変わります。自動化されても自動計算はできない。なぜかというと、事実認定があって、計算に盛り込む必要があるからです。それは、やっぱり知識がなければ駄目なのですね。なので、全部コンピューターでできるようになるというのは、よっぽど日本全体がデジタル化して、みんな個人番号で勝手に収入とかが計算されて、勝手に自動で税金計算されて、いわゆる賦課課税です。あんた何ぼ払ってねという世界になれば、税理士は要らなくなる。ただ、そこに行くまでには、まだどうでしょう、50年ぐらいかかるかな。なるかどうか分かりませんけれどもね。そういうふうに思っています。

ちょっと時間が迫ってきましたが、これも授業で説明していただいたかもしれません。税理士法第1条、税理士は法律で決まっていますが、税理士は、税務に関する専門家として、独立した公正な立場において、申告納税制度の理念にそつて、納税義務者の信頼にこたえ、租税に関する法令に規定された納税義務の適正な実現を図ることを使命とするということで、納税義務者の信頼に応えて、納税義務の適正な実現を図るというのは、ちゃんと税金を計算して、多くも少なくもなくちゃんと税金を納めるというところに寄与するわけです。それを使命としてつくられている資格なのですね。この使命を果たしていこうと思うと、個々の税理士、私もそうですが、皆さんもそうですけれども、個々の税理士はもちろんのこと、税理士会としてもそれに対応していく必要があって、また税理士制度がそうなっていかないといけない。一番初めに言いました。税理士法も自分たちで変えていかないといけない、ということです。それが法律の改正、それがデジタルニュースの進歩、世の中の情勢、クライアントの要望、これにこれまで同様に対応していく必要があります。対応していくということは、進化して成長していくということなので、当然このままではなくなっていく仕事がどんどんたくさんありますけれども、それに対応して進化、成長して変わっていく必要があります。

これがちゃんとできていれば、最終的な私の答えなのですけれども、これからも納税者、国民にとって必要とされる存在であり続けると。税理士というのは、国が勝手につくって、今ある仕事ではなくて、国民から自然発生的に要請されて出てきた仕事であるというところに、これからも対応していけば、これからも必要とされる存在であり続けると思っていますので、ぜひとも皆さん、将来ちょっと考えることありましたら、税理士を目指していただいて、国民のため、納税者の皆さんのために活躍していただくのもいいのではないかなというところで、今日の結論にさせていただきたいと思います。

一旦話は終わりたいと思います。ご清聴ありがとうございました。

ちなみに、残念ながら質問はございませんでした。すみません。

第2章　女性の職業としての税理士

齊藤真紀

はじめに

皆さん、こんにちは。私は、東北税理士会所属の税理士の齊藤真紀と申します。旧姓使用でやっていますので齊藤といいますが、戸籍上は小池と申します。小池真紀と申します。先ほど自己紹介を先にやられてしまったので、後から種明かししようかなと思っていたんですが、先にばらされてしまったので、そういうことですので、今日はいろいろお話ができればと思います。

今回、寄附講座の中で女性というのは私だけなんですね。今日は3部作というか、3部構成にしておりまして、シラバスには「パンデミック禍での税理士」ということになっていますが、その話は他の先生もされると思いますので、女性は私だけですので、女性の職業としての税理士を紹介したいなというところもあります。最後に先ほどお話がありましたように小テストがありますので、この3部構成で今日はやっていきたいと思いますので、どうぞよろしくお願いいたします。座って講義させていただきます。

Ⅰ　事務所2か所問題

新型コロナウイルスというのは未知のウイルスで、世界中の人が恐怖と闘っていまして、この闘いも既に2年近くになろうとしています。今日もマスクを皆さん着用で、私もマスクをして講義という形になっていまして、ちょっと息苦しいなと正直思っておりますが、そんな中、またオミクロン株とかってよく分からない未知の株も出てきているということですけれども、それに負けずに日常を取り戻しつつというのが大事なのかなと考えております。新型コロナウイルスによって緊急事態宣言で家から出るなとかステイホーム、テレワークという言葉、新しい仕事の在り方がありましたし、皆さんも急にリモートで授業とかって言われて混乱されたと思います。小池教授も混乱されたと思います。でも皆さん慣れてきたのか、私はいまだに慣れてないいんですけれども、そういう新しい仕事の形、授業の形、いろいろ出てきたのかなと思います。

実は、税理士にとって、リモートワークとかテレワークとか、税理士にとって非常に困ったことが起きたんですね。というのは、税理士法第40条というのがあるんですけれども、税理士は1事務所1税理士、1人の税理士は2か所以上事務所を持ってはいけないという規定がありまして、これって実は、皆さん何それって思いますよね、我々業界ではすごい有名な話なんですよ。そういうことを考えると、事務所2か所問題、この規定は税理士法第40条第

3項に書かれているんですけれども、ちょっと読み上げていくと「税理士の業務の本拠地を1か所に限定することが法律関係を明確にする上で便利である」と、2番目が「個人の監督能力を超えて業務の範囲を拡大することを事務所の数の面から規制し、これにより税理士以外の者が税理士業務を営むことを予防するため」となっているんですね。そういう理由から、仕事が終わらずに自宅に持ち帰って仕事をしても、実は事務所2か所問題に抵触すると言われていたんですね。実際私、税理士監査というのがあって、国税局から税理士業務を事務所できちっと行っていますかという監査が来るんですね。その監査を受けたときに「先生、自宅に持ち帰って仕事してないよね」と言われて、そのことは分かっていたので、仕事が終わらなかったら持ち帰って仕事をしていたんですけれども「はい、してません」と答えました。じゃないと事務所2か所問題に抵触して怒られちゃいますからね。そんなことになっていましたし、新幹線で仕事をしていると「新幹線で仕事しているよね」「事務所2か所だよね」という何かよく分からない意味不明なことを言う税理士もいたというのを聞いています。

そんなことをいったって、時代は急速にICT化が進んでいまして、簡単に事務所に置いたサーバーに通信で入ることができるんですね、私も実際入ることがどこでもできますし。ですから、お客さんのところに行って、お客さんの前で事務所のサーバーに入ってデータを見て、お客さんとお話しして、直接その場で訂正することも可能なんです。そうするとお客さんのところも事務所2か所問題になるんですかという話になってきて、何か時代にそぐわない話ですよね。もちろん家でも仕事できますし、東京で会議ですと言われて、はいと、司会をしながら仕事もできますし、何だったら沖縄や北海道に行って旅行中に「先生、ちょっとこれ見てください」「はいはい」とデータを開いて見ることもできますし、それこそ仕事によってはハワイでも海外でも見ることができます。そんな時代ですよね。皆さんだってZoomやら何かで授業を受けているような時代なのに。そんなことから、おかしいなというのはみんな思っていたところではあるんです。

これはコロナ前からなんですけれども、おかしいよね、そんな時代後れの法律も何だろうとみんな思っていたところだったんですけれども、この法律って一体いつ最初にできたのというと、皆さん授業で習ったと思うんですけれども、シャウプ勧告、そこまで戻っちゃうんです。昭和26年に制定された税理士法が基なんです。何度も改正されているとはいっても、正直言ってこの急速な時代変化についていけない、かびが生えたような状況の法律なんですよね。

今回の新型コロナウイルスは、東京とかそういった大都市に比べて地方は抑えられていて、比較的ステイホームだったりソーシャルディスタンスでいろいろとしてはいるものの、大都市圏に比べて、私の事務所でも時差出勤だったり交代で事務所に出勤するとかいろいろな手だてをしながらカバーしてきたんですが、東京辺りの会計事務所、税理士事務所さんは、東京に皆さん住んでいるわけではなく、東京近郊の千葉とか埼玉にお住まいがあってそこから東京の会計事務所にお勤めをする方が多くて、苦肉の策で大きな事務所なんかはサテライトオフィスというのをつくって仕事をしていたんですね。サテライトオフィスって、だって自宅でやっても新幹線でやっても事務所2か所問題に抵触するとか言われているのに、じゃあこんなサテライトオフィスなんかつくっちゃったら完全にアウトじゃんという大問題が発生しました。そんなことを言っても、私が4月に東京税理士事務所に電話をかけても全然出ないんですよね。おかしいなと思ったら、今は緊急事態宣言だし、怖いからみんな出勤してきませんと、開いてませんと。未知のウイルスで怖かったですから、皆さんね、だからそうやって感染症対策をしていたと。

サテライトステーションというか、サテライトオフィスをつくった、感染拡大の予防に努めたところもあるということですけれども、そういうことで、どうしましょうと。これは結構大問題になりまして、2か所問題をどうしましょうということで、こう解釈がされ始めまして、どうやら税理士事務所の2か所問題というのは物理的な問題ではなく、先ほど述べた「個人の監督能力を超えて業務の範囲を拡大することを事務所の数の面から規制し、これにより税理士以外の者が税理士業務を行うことを予防するため」というのを拡大解釈して、職員の管理能力があるかどうかで判断する、サテライトオフィスというのは、看板を掲げていない、そして継続的にそこで業務を行う場所かどうかということで判断しましょうということで問題を解決しようとしています。

私なんか税理士になって20年になるんですけれども、さんざん物理的な問題だと言われてきた人間にしてみれば、正直言って今さら何というところもあるんですが、若い税理士の方は多分これに関しては私が言っていることのほうが何言ってんのと思うかもしれません。そういうことで、時代とともに法律も変えなきゃいけないというのは当然であるんですけれども、新型コロナウイルスがなければ事務所2か所問題は手をつけなかったのかなという気はします。さんざん言われてきている、長い長い20年間、私は聞き続けているテーマですけれども。それだけに、この新型コロナウイルスというのは、税理士法を変えよう、拡大解釈をしよう、考え方を変えましょうと、業界を動かした大きな出来事でもあったというのは事実なんですね。

そういうことで、実はこれはすごい、皆さん、何を言っているか、何じゃらほいと思うと思うんですけれども、これは同業者でもみんな何じゃらほいという話で、いまいち分かってない話なんですね。ただ、この問題は、もうすぐ12月に発表される税制大綱でこの改正が出てくるはずなんです。そういうことなので、皆さん、税制大綱が出てきたらぜひ見てほしいなと思います。本当にこれはほかの税理士も何じゃらほいということで、私は東北税理士会の広報部長というのを務めていまして、新春座談会という広報の新春号を飾る紙面を作っているんですけれども、この話が今回テーマに出ているんですね。これ多分理解できるのはどのぐらいいるんだろうなと思いながら、学生の皆さんは何かよく分からないなと思っているかもしれませんけれども、私が言いたいところは、時代に沿って法律というのは変わっていくと思うんですよね。今回だって税理士法が、新型コロナウイルス感染症で、今まで気がつかなかった、気がついていたけれどもピンと来なかった問題を直視せざるを得なかった改正でありますし、税理士法に限らず、全て法律というのは時代に即したものでなければいけないなと私は常日頃思っています。

そういうことですので、皆さんは今後社会に目を向けて、日頃疑問を持って行動することが大事なのかなと。そうでないとやはり、何でしょう、時代についていけないとかそういうことになるのかなと。税理士は税理士法を見守らなきゃいけないですし、国民の皆さんは法律をきちんと見守るということが大事なのかなと思います。

12月の末ぐらいかな、税制大綱が出てきます。その中に、今回、皆さんには該当しないんですが、税理士を目指す人のための受験資格要件を緩和するという案も出てくるらしいんですね。皆さんは法学だったり経営の3年生以上ですので該当しないんですけれども、1、2年生にも受験資格を与えましょうかと、税理士試験の資格を与えましょうかというような法律になるのかなという改正が行われる予定であるようです。

偉そうに言っていますけれども、一応法学部出身なので、法律っぽいことを言っていますけれども、大学生の頃は全く考えてなかったので、ちょっと後悔しているかなというのがありますので、今一生懸命勉強しているさなかです。大学の頃はあまり勉強しなかったんですけれども、今一生懸命勉強していますので、その実感が今の私の感想でありますので、皆さんは熱心でありますので、ぜひそういった日頃から情報とかそういったものを疑問に思いながら取捨選択していってほしいなと考えております。

パンデミック禍の税理士ということの話はここら辺にしまして、持続化給付金の話とか結構ほかの先生がされるかなと思いますのであまりしませんけれども、持続化給付金で詐欺の片棒を担いじゃった大学生がいっぱいいたみたいなので、おいしい話には注意してねという感じで、そういう補助金がもしかしたらまた出てくるかもしれませんけれども、我々税理士はそういったお手伝いもしていますので、そういう話はほかの先生から出てくるのかなと思いますので、今日はそこはお話ししないようにしたいと思います。

Ⅱ 女性の職業としての税理士

そういうことで、今日は女性が私1人だということですので、女性の職業としての税理士というテーマに移らせていただきたいと思います。

今日は人数もそれほどいらっしゃらないので、ちょっと動いてもよろしいでしょうか。皆様に名刺をお渡しさせていただきたいと思いますので、ちょっと回ります。（名刺手交）皆さんのお手元に私の名刺が行き渡ったかと思います。

名刺には、税理士法人小池事務所の代表社員、税理士齊藤真紀と書いてあります。事務所は仙台市青葉区の上杉と石巻市に持っています。私にはもう1人パートナーがいまして、それこそ1事務所1税理士なので、もう1人、税理士がおります。それぞれが事務所を持っているような形になっています。形はそれぞれ事務所ですが、会社として運営している状態です。

先ほど小池教授が私の紹介をしてくれたんですが、改めて自己紹介をしたいと思います。

私は、東北学院大学法学部法律学科を卒業しまして、その後東北学院大学大学院法学研究科法律学専攻を修了しまして、その後東北学院大学大学院経済学研究科商学科専攻修了と、大学院を二度出ております。その後、32歳で税理士登録をしまして、そのときは石巻で開業税理士になりました。35歳のときに、そちらにいる配偶者のお父様に、お父様は同業者なんです、私と小池教授のお父さんは同じ税理士だったので、いろいろな会合で顔を合わせていたんですけれども、その小池の父に軟派されまして、「うちの息子はどうかね」ということで、何かよく考えないで結婚しました。初めて会ったときに、何か初めて会った気がしなかったんですね、実は。なぜかというと、お父さんにしょっちゅう会っているので、お父さんのイメージしかないんですよね。だから、何か親戚のお兄ちゃんに会っているような、あっちがちょっと年上なので、お兄ちゃんに会っているみたいな感じで、よく分からないんだけれども結婚してみました、いまだに続いているんですけれども。そういうことで、今現在、中学生の女の子と男の子の母親で、子育て中ということです。

今、皆さんに名刺をお渡ししたように、会社になっているんですけれども、平成27年4月に、小池の父が高齢になってきたので、今後のクライアント対応とか職員のために税理士法人を設立して現在に至っているんですが、令和3年6月より先ほどお話ししましたように東北税理士会の広報部長を務めております。今日、皆さんにリーフレットというか、「税理士って」ということでお渡ししていると思うんですけれども、1つの仕事を探すならということで、皆さんぺらぺらとのぞいてくれているかなと思いつつ話しをしています。

私の場合は、32歳のときに、独身だったんですけれども、そのときに税理士登録をしまして、その後結婚して出産、そして子育てをしながら仕事をしています。うちのスタッフ、職員が大体8人から10人、ちょっと異動したりする、今8人かな、抱えていますので、ずっと私は休みなく働き続けていますけれども、子供を保育園に預けたり、主人の実家に預けたり、どこにも預かってもらえそうもないときは、赤ちゃんを事務所に連れていって、年配の女性職員とかベテランの女性とかに子供たちを面倒見てもらって、それこそミルクだったりおむつ交換をしてもらったりしながら子育てをしてきました。もちろん主人が一番見てくれています。

そうやってある程度やっていけるのがこの職業の特徴なのかなと思います。時間調整もお客さんとの調整も、子供が急に発熱しましたとなれば「すいません、ちょっと今日は都合つかないので別の日に変えてもらえますか」とか、子供の学校に呼び出されたとなればその時間を調整して前後に仕事を変えたりするということが、時間のやりくりができるというのが税理士の魅力だと思っています。

あまりにも忙しいので、時々「忙しいのは分かるけれども、勉強を見てやってくれよ」と、よく注意されます、耳が痛いんですけれども、私には。多分世の中のお父さんも同じ気持ちかな。面倒を見てくれとよく言われるんですけれども、なかなか難しいかなというのはありますが、時間調整は取れるので、この仕事をライフワークとしてやっていくには自由が利くのかなと。これは女性に限らず、男性だって子育ては共同でやっていかなきゃいけないわけですから、そういったことを考えると男性だって、この間なんかは、子供が発熱した、おなかが痛いというので迎えに来てくれと言われたときに、私は行けなかったんですが、小池教授がたまたま時間を取れたので行ってくれました。男性でも税理士であれば時間調整ができますので、小池教授は大学の教員ですけれども、できますので、これは男性女性限らず、時間の配分の仕方、やり方によっては子育ても十分やっていけるんじゃないかなと、片方だけに押しつけるというわけではなく、そういうことがバランスよくできるのかなと思います。もちろん税理士というのは資格がある以上、責任を伴いますけれども、そういうふうにできますし、旅行に行きたければ旅行にも行けます。その分、そのとき仕事を入れなければいいので、その後大変ですけどね。仕事が詰まっていきますけれども、時間を取ることも可能ですので、そういった意味ではとても魅力ある仕事なのかなと思います。

最近、私は、いろいろと子育て中、子育てが終わったぐらいの女性税理士と話す機会が結構ありまして、いろいろお話を聞いた中では、税理士の資格は持っているけれども、子育て中は税理士登録をしないで全く仕事もせず、子育てが最近落ち着いたので登録して勤務税理士として働いていますという方を最近知りまして、全く私と仕事と子育ての仕方というか、ライフバランスが全く違う人と初めてお会いして、そういう働き方もあるんだなというのもこの間知ったばかりでありますし、あと転勤族の方らしいんですけれども、ご主人の転勤についていった先で勤務税理士として働いていますという方もいらっしゃいました。看護師さんとかも結構そうですよね。資格があれば全国どこでも働けますから、税理士も同じような形でそうやって働いている女性税理士の方にお会いしました。あと家と事務所を隣にしていて、家事をしながら仕事をして、繁忙期は夕飯を作ったらまた戻って仕事をしていましたという方もいらっしゃいます。逆に言えば、男性だって繁忙期はお父さんが仕事の途中に抜け出して隣でご飯を作ってまた戻って仕事するということも可能ですので、そういうワークバランスをされている方もいらっしゃるということです。税理士の資格というのは一生物ですので、資格があればいつでも税理士登録できますし、開業や勤務税理士として仕事ができます。

さっきから私は勤務税理士だの開業税理士だのと言っていますけれども、皆さんのお手元にある資料に、独立開業とか税理士法人所属とかUターン地方勤務とかワークスタイルがいろいろありますよと書いてあります。開業して1人でやっていくという方法もあるけれども、税理士法人に所属してその中で働くという方法もありますし、ご主人とかそういったところについていって、地方の勤務で働いているというような女性の税理士もいらっしゃいます。これは男の人にも言えるので、そういう先々で働くことができますので、そういった意味ではこの資格というのはとても魅力的だと思います。女性のライフステージ、私は独身から始まって今子育て中ですけれども、いろいろライフステージが変わっても、変化しても働き続けることができる職業の一つなんじゃないかなと思っています。

税理士になって、そうですね、いろいろな魅力というか、いいなと思うのは、お客さんと共に、個人もそうですし、会社もそうですけれども、大きくだんだん成長していく姿を一緒に見ていく、困ったときに一緒に考えながら問題を解決していく、そういった一緒の気持ちになってできる仕事、これが税理士だと思います。一般的に、パソコンに向かって数字だけパチパチやっているんじゃないかとか、ＡＩで税理士は消えると思われがちですが、私は決してそんなことを思っておりません。というのは、やはりお客さんのお話を聞いて、事細かに内情を知った上でないといろいろな提案はできないんですね。会社のいいところばかり見ても、悪いところを隠されてしまえば、結局会社は業績が悪くなれば一気に悪くなりますし、悪いところも見て、ここを改善してこうしていきましょうというアドバイスをするためにもお客さんとよくお話ししなければいけない仕事ですので、この仕事はＡＩに奪われる仕事では決してないと思っています。お客さんとお話が、コミュニケーション能力がある人ほど向いているのかなと思っております。

先ほどちらっと、私は大学院を2か所というか、東北学院大学ですが、法学と経済を出ていまして、昔はダブルマスターと言って、法学でも経済でもそうなんですけれども、免除申請を出して税理士という形も取れたんですけれども、改正されまして、一部試験を受けないと税理士の資格の要件を満たさないということになるので、お手元の資料、税理士への道Q&Aというところに書いてありますが、下のほうに「税理士試験の免除はありますか」と書いてありまして、こういう道もありますので、もし税理士を本気で目指したいという方がいらっしゃれば、試験5科目を受けて全科目合格という手もありますけれども、大学院に行ってもっと深く勉強して論文を書いて、深く知るという方法もあって、それで試験免除の方法もありますので、ぜひそれは小池教授に相談してみてほしいなと思います。

今日は、私が講師として来ていまして、主人はそちらにいます。税理士あるあるではないですけれども、奥さんが税理士でよかった点とか苦労している点とか、私自身はなかなか聞けないので、ぜひ今日は小池教授にお話を聞きたいなと思いますので、ちょっと聞いてみたいなと思いますし、あと皆さん、こういう機会、夫婦でこういうのはないので、ぜひ聞いてみたいなということがあれば、ぜひ手を挙げて質問してください。


小池教授『全然予定してなかったので、急に言われてもね、私も困るということがあるんですけれども。何か税理士を宣伝しなくちゃいけない立場なんですけれども、やはり正直言うと税理士さんより大学の先生のほうがいいと思います。税理士さんはやはり忙しいし、お客さんだっていろいろな人がいるじゃないですか。あと調子のいい会社と駄目になっちゃう会社とあるんですよね。だから大変な仕事だと思います。

うちの父が税理士だったんですけれども、昔は紙に書いていたんですね。当たり前ですけれども、パソコンなんて出てきたのは私が大学を卒業した後ぐらいです。所得税の申告の前、3月は、10日とか、職員の人がなかなか寝ることもままならずやっていたもんですから、大変な仕事だなと思っていました。私も最初、学生の頃は税理士を目指していたんです。簿記だけ受かったんですけれども、大学院を選択しちゃって、大学の教員にもなれるのかなと思いまして、途中で私受験をやめているんです。

うちの妻なんかは、私の実家の事務所を継いだみたいな形になっているんですね。だから、ありがたいなというのはあります、すごく。ただ、やはり確定申告の時期とか、うちの妻の事務所は8月とか忙しいので、そのときになると家にいないということもありますから、大変そうです。最近は割と早く帰ってくるようになったんですけれども、それは結局職員さんが負担しているんでしょうね。食事とか洗い物は私が担当で、ご飯を作って毎日洗い物をするという日課です。うちの妻は洗濯、掃除をしてくれるという感じで、シェアして家庭生活を送っています。

あと、ダブルインカムですので、生活には困らないというのはあります。だから、子供たちをみんな私立に入れていてもそんなに経済的には困らないというのがあります。

私自身はお料理を作ったりするのが好きなので、子供たちに大概毎日「晩ご飯何」と聞かれるんですけれども、なるべく子供に合わせてご飯を作ろうかなという感じで仕事をしています。

あとは、そうですね、妻が税理士なので、この講座も経営学部に持ってこれるわけなんですね。私のいわばコネクションですね。実はお金をもらっていまして、そのお金で、実は講義録、「税理士になろう!」「税理士になろう! 2」「税理士になろう! 3」というのを出版しています。私の仕事としては、授業をするというのもあるけれども、論文を書いたり本を書いたりしたいので、ありがたいです。皆さん、大学教授って儲かっているみたいに思っているかもしれないですけれども、本は全然儲かりません。まだ教科書は売れるんですよ。私の授業を取っている人がいるかもしれないですけれども、そっちの例えば「解説・所得税法」とか「タックス・プランニング入門」という教科書は印税というのが入るんですよ。作家さんと違ってそんなに入らないんですけれども、「税理士になろう！」とか私の専門書なんかは全然お金なんて入らないんです。むしろ本を出したかったら80万円用意してくださいみたいな感じで出版社に言われるわけなんですよね。

あと何ていうかな、フォーラムもやったんです、租税フォーラムというのを。私は、こう見えて緊張するんですよね。だから、いつもの学生との講義というのは教室の雰囲気も慣れているし、いいんだけれども、税理士さんがいたり、一般の人がいたりする前で何かしゃべるというのは本当は私苦手なんですよ。でも、そういう機会を2回ほどもらって、何か大変だったけれども、やはりいい機会をもらえたなと。それも妻のコネクションですよね。妻が何かそういうお膳立てをしてくれて、そういう機会をもらったということで感謝しています。こんなところで、バトンタッチしていいですかね。』

おわりに

さて、ちなみになんですけれども、資料にデータで見る税理士というのがあって、年齢層というのを見ていただくと、一番上の左側に年齢層と書いてあって、高齢化が進んでいるとともに若い経営者が増えているため、若手の税理士の活躍が期待されていますと。これはずっと昔からなんですけれども、平均年齢60代なんですよね、正直言って。私が32歳でなったときは本当に若手の若手で、一番下なんじゃないかと思っていたんですけれども、いつの間にか若手が下に一杯いまして、いつの間にか50代なので、この図からするとちょっと多いところに入っているかなという感じなんですけれども。

本当に、ちょっとね、正直言って、税理士を受験、魅力がないんですかね、何かあまり、税理士を目指すという若い人が減少傾向に、少子化もあるんですけれども、減少傾向にあるんです。我々はだからこそ魅力のある税理士を見せていかなければいけないのかなと思っているんですけれども、なかなか皆さんの前でお見せする機会がないもんですから、そういった意味でこういう講義をさせていただいているという形なんですね。

下に女性税理士の登録の推移というのがあって、増えていますよと。確かに女性税理士は増えているんです。私が32歳でなったときは仙台市内の女性税理士はペーパー1枚で名簿が出来上がるぐらいしかいなかったので、女性税理士忘年会というのを11月末に、何でこんなくそ忙しい日にやるんだというようなときに忘年会をやって、女忘年会とかってやっていました。しかし今そんな紙切れ1枚では済まないぐらい女性がいっぱいいるので、仙台市内の今の女性税理士の数は分からないですし、名簿を作ったらどうなるんだろうというぐらいいます。この仕事は男女関係ないと思っておりますので、女性の方でもなれますので、ぜひ目指していただきたいなと思っております。

この講義にいらっしゃる先生の中には国税専門官出身の方もいらっしゃいます。公務員になってから税理士登録をされてくる方もいらっしゃいますし、教員資格で税理士登録をされる方もいらっしゃるし、私みたいに大学院を卒業して、修了して、論文を書いて提出して登録するという方もいますし、5科目チャレンジして税理士になる人たちもいます。いろいろな方法が、税理士になる方法がありますので、大学生で必ずしも税理士にならなきゃいけないとか、絶対にそうじゃなかったらなれないということはありません。税理士というのは年齢関係ありませんし、お勤めしてからやはりちょっと違うなと思って税理士を目指したという方もいらっしゃいますし、小池教授のところには年配の方で目指している方もいらっしゃるとお聞きしていますので、いつ始めても、税理士を目指してもこれは大丈夫な職業でありますので、今日こういう話を聞いて、税理士という仕事が、こういうのがあるんだなと思っていただければ幸いかなと、女性にも向いていますよということで、今日のお話をここで終わらせたいと思います。

第3章　成年後見制度

安部修太郎

はじめに

皆さん、こんにちは。私は税理士の安部と申します。

今日は租税講座の一コマ、成年後見制度の話をさせていただきます。時間的には90分ということでしたが、レポートを書く時間とかもありますので、極力早めに終わりたいと思っております。よろしくお願いいたします。

それでは、まず皆さん、成年後見制度という制度を聞いたことある人、ちょっと手を挙げてもらいたいのですが、いらっしゃいますか。はい、少ない。ありがとうございます。介護保険制度という制度を聞いたことある人、手を挙げてください。はい、そうですよね。多分このような反応になるかと思っております。

今日お話しする成年後見制度というのが、平成12年、介護保険制度と同じ時期にスタートしております。介護保険というのは、加齢、高齢化が進む、その人がご高齢になって身体の機能が不十分になって、そこの生活面での、福祉サービスのところを介護保険制度でカバーするわけだったんですけれども、成年後見制度というのは、身体面の衰えということよりも、判断能力の衰えを法律的にサポートしていくというお仕事になっております。

それでですね、今日の限られた時間の中で、まずは、成年後見制度がどういう制度かというところをお話ししていくのと、法定後見と任意後見という2つの制度がありますので、その概要についてお話をしていきます。最後に、成年後見制度の問題点について問題提起をしていきたいと思っております。

I　成年後見制度のDVD

それでは、まず、私がいろいろ話すよりも、私たちの団体で一般的な研修向けにつくっているDVDがありますので、そちらを見たほうが早いかもしれませんので、まずそちらを視聴していただきます。15分程度DVDを視聴していただきますので、よろしくお願いします。

【DVD　あなたと歩む成年後見制度】

我が国は、現在高齢化が進んでいます。これに伴い、成年後見制度の利用を必要とされる方々の増加も予測されます。このような方々を法律的に保護し、支えるための成年後見制度、その担い手の確保が急務となっています。税理士は全国各地に7万人以上の会員を擁し、高度な専門性、高潔な倫理性から、成年後見制度の担い手として多くの期待が寄せられています。そこで、日税連では、成年後見制度の理解の入り口としてこのＤＶＤを作成いたしました。成年後見制度の必要性、税理士がこの制度とどのように関わるか。さらに、これらを支援する税理士会成年後見支援センターの活動を理解していただければと考えています。

私たちの暮らす日本は、今、世界でも例を見ない急速なスピードで少子高齢化社会へと向かっています。全人口に対する65歳以上の高齢者の割合は、１９８０年代には10人に１人程度でしたが、２０３０年代になると、およそ３人に１人が高齢者になると予測されています。それに伴い、認知症を患う高齢者の数も大幅に増加していくことが考えられます。自分の老後の生活や財産は自ら管理しなければならない時代がもう始まっているのです。

平成12年４月より、国は、社会福祉政策を、税による直接的な介入から国民相互の負担による介護保険制度へと転換しました。これにより、福祉サービスの提供は、措置から利用者とサービス提供者との契約へと移行しました。このような契約を基本とする社会では、認知症や知的障害など、自分の行為の結果に対する判断能力が不十分な方々が不利益を被ってしまうおそれがあります。そこで、そのようなことが起きないように、判断能力が不十分な方々を支援、サポートしていくために制定されたのが成年後見制度です。判断能力が不十分な方のご自身の意思や決定権を最大限に尊重しながら、代理人である後見人が財産管理を行い、生活を支えます。税理士会では、成年後見制度の利用者が今後加速度的に増加すると考え、全国15の地区において、税理士会成年後見支援センターを開設しました。

成年後見制度は、制度創設から10年以上経過していますが、制度を導入している諸外国と比べると、まだまだ制度の利用が少ない状況です。しかし、成年後見制度が必要な高齢者はたくさんいるのです。税理士会成年後見支援センターにもいろいろな方が相談に訪れます。成年後見支援センターの相談事例を見てみましょう。

まずは、相続と法定後見に関する相談事例です。

成年後見支援センターを訪れた鈴木さんご夫妻です。認知症を患うお母様の今後の生活についてのご相談のようです。

「私の父はとっても元気な人だったんです。介護士の助けを借りながら、認知症になってしまった母の面倒を一生懸命見ていて。それが、半年ほど前だったかしら、急に体調を崩して、そのまま亡くなってしまったんです。」

「そうですか。お父様のお悔やみを申し上げます。」

「一人残されてしまった母は、自分では何も判断できない状態なので、介護施設にいます。」

「そうですか。鈴木様ご自身にはご兄弟はいらっしゃいますか。」

「いいえ、私に兄弟はおりません。相続人は私と母の2人です。ですから、相続税の申告とか、税金のこととか、もうどうすればいいのか分からないことばっかりで。母はこれから父の遺産と遺族年金で生計を立てていくことになると思うのですが、どうやって遺産を分けたら良いのでしょうか。」

「ありがとうございます。お話は分かりました。それでは、早速、相続に関する件からお答えしていきますね。」

「よろしくお願いいたします。」

「まず、相続税についてですが、期限がございまして、10か月以内に申告と納税が必要です。分割協議を前提としていろいろな軽減がありますので、期限内に終わらせることをお勧めいたします。分割協議が整ったら土地、建物などの相続登記をし、銀行預金などの名義変更も行います。」

「ああ、でも、母はそういう話ができる状態ではないので。」

「はい。鈴木様のお母様については、ご自分で判断するのは難しい状態ですので、遺産分割協議前に家庭裁判所に成年後見の申立てをしなければなりません。」

「成年後見制度ですか。」

「はい。」

「ああ、聞いたことがあります。」

「成年後見制度には、軽い順から、補助、保佐、後見とありますが、お母様の場合は、一番重いこの後見に該当すると思われます。家庭裁判所から成年後見人が選任されれば、後見人がお母様に代わって鈴木様と遺産分割協議を進めることができます。鈴木様、お母様が安心安全に余生を送られますように、ご一緒に頑張っていきましょう。これからも困ったことがあったらいつでもご相談ください。」

「ありがとうございます。よろしくお願いいたします。」

相談者の鈴木さんご夫妻は、後日、早速家庭裁判所に出向き、成年後見開始の申立てを行い、相続税の申告及び相続登記等の手続を進めることになりました。心に抱えていた不安が軽くなり、2人に笑顔が戻ってきたようです。

このDVDでは細かい説明は省いていますが、成年後見制度の相談では相続税が関わってくることもあります。このほかにも、成年後見支援センターには様々な相談が寄せられています。

さて、今度は、任意後見に関する相談事例を見てみましょう。

また新しい相談者が成年後見支援センターを訪れました。ご高齢の男性と若い税理士さんのようです。

「ええと、私が今年で78だから、ちょうど10年前か、妻を病気で亡くしてね。私たち夫婦には子供がいないもんですから、それ以来ずっと独りで暮らしているんですよ。」

「そうですか。お一人ではご不便も多いのではないですか。」

「いや、もう慣れましたよ。親から相続した土地に小さなもんですがアパートを建てて、そこからの家賃収入で私一人食べていく分には困りませんし、それに、税金のことは全部この山田さんにお願いしているし、まあ、そこそこ安心して老後生活を送っていたんですよ。」

「そうですか。」

「いや、ところがね、最近テレビとか雑誌で、認知症の老人に関する話題がやたらと多くなったでしょう。」

「ええ、そうですね。」

「そんなのを見ていたら、この先、自分も同じようなことで近所や親戚に迷惑かけてしまうことがあるんじゃないかって急に不安になりましてね。」

「ええ。」

「で、雑談交じりに山田さんに今後のことを相談したんですよ。そうしたら、こちらの税理士会の成年後見支援センターの紹介をされてね。でも、一人じゃ不安だから、こうやって無理を言って一緒についてきてもらったんですよ。」

「そうだったんですか。」

「佐藤さんのお力になりたいというのはもちろんですが、私自身も以前、税理士会の成年後見制度の研修を受けたことがございまして、それから制度についてもっと理解を深めたいと思っていましたので、今日はご一緒させていただきました。佐藤さんの場合は任意後見制度が考えられると思うのですが、いかがでしょうか。」

「佐藤さん、山田さん、成年後見支援センターを利用していただき、ありがとうございます。最近、確かに、認知症のご高齢者による事件や事故が多く報じられていますよね。長寿になればなるほど認知症の発生率が高まるというデータもありますし、今の佐藤さんのご心配事は多くの日本人に共通した問題だと言えますよね。」

「そうですね、はい。」

「山田さんがおっしゃるとおり、佐藤さんは任意後見制度の利用が一番適していると思います。」

「任意後見制度。」

「はい。任意後見制度の流れはこのようになっています。ちょっとこちらをご覧ください。まず、ご自身の判断能力が十分あるうちに公正証書にて契約いたします。もし、万が一、判断能力が不十分になってしまった場合は、裁判所に対し任意後見監督人の選任申立てをし、監督人が選任されて任意後見が開始となります。」

「その任意後見人は誰が選ぶんですか。」

「はい。任意後見人は、佐藤さんご自身が選ぶことができます。任意後見契約は、銀行預金の出し入れ、アパートなど賃貸契約の締結、そして介護認定の申請など、日常生活から財産管理まで多岐にわたっております。ですから、何よりも佐藤さんご自身が信頼できる方と任意後見契約を結ぶことは大切です。この制度は信頼関係の上に成り立っていますから。」

「それなら、ぜひ、この山田さんにお願いできたらと思うんですが。」

「私ですか。」

「山田さんが引き受けてくださるなら、これからのことを全部安心してお任せできます。まだまだ私より随分若いしね。」

「そうですね。私も、山田さんは佐藤さんの任意後見人の適任者だと思います。税理士は、税理士法に規定された使命の下に、高潔な倫理感と高い専門性をもって社会に貢献することが期待されていますので、税理士が成年後見制度に参加することは、より質の高い制度が図られる一助となるのではないでしょうか。」

「ありがとうございます。喜んでお引き受けいたします。それでは、これから税理士会の成年後見支援センターが実施する研修を毎年受講して、より知識を深め、佐藤さんのご期待に沿えるよう頑張ります。」

「よし、そうと決まれば、これでひとまず安心。いや、今夜は久しぶりに酒が進みそうだ。」

任意後見制度は、将来についての不安要素の解決を図るため、自分自身がまだ判断能力があるうちに信頼のおける人と契約しておくことによって成立します。佐藤さんの悩みは、信頼する税理士山田さんとのパートナーシップによって無事に解決しそうです。

いかがだったでしょうか。

成年後見制度は、認知症などで判断能力が十分でない方々を支援して、共に生きる社会の実現を目指す仕組みです。ご紹介した事例のように、税務の仕事を適切に行うためにも、成年後見制度を正しく理解する必要があります。成年後見人は特別な資格を求められません。しかし、ご本人の財産管理及び身上監護を行い、その権利を守る援助者として法律及び制度の十分な理解も必要となります。さらに、税理士が成年後見人等として成年後見制度を担う場合、税理士会を挙げて、この制度の信頼性を維持することが求められています。

このDVDをご覧いただき、成年後見制度の必要性をお分かりいただけたでしょうか。税理士会では、毎年、成年後見人等養成研修を実施し、成年後見制度の担い手の養成を行っています。

II　あなたと共に歩む成年後見制度

このＤＶＤは、私たちの団体でつくっているＤＶＤですので、税理士が、税理士がということが出ておりますが、何も私たちだけが積極的にやっているわけではなくて、弁護士さん、司法書士さん、社会福祉士さんあたりが非常に件数的には多いです。

先ほどもＤＶＤの中で言ったように、成年後見という制度は、家庭裁判所が職権で成年後見人さんを選びますので、弁護士でなければいけないとか、司法書士でなければいけない、税理士でなければいけないということはございません。一般市民の方も成年後見業務に参画しているという実情はございます。ただ、どうしても法律上、何か紛争性があるような案件に関しては弁護士さんが選任される傾向にありますし、私たちでいうと、財産が多いようなところに関しては財産管理が重要ではないか？　ということで選任されるケースもあるようでございます。

それでは、あなたと共に歩む成年後見制度について説明します。

成年後見制度とは、認知症などで判断能力が十分でない方々を支援して、共に生きる社会の実現を目指す仕組みです。成年後見制度の目的は、もうここに尽きると思われます。

先ほど申し上げましたけれども、介護保険制度と成年後見制度は、平成12年、同じ時期に始まっております。介護保険制度がより生活の身近なところの部分をサポートするのに対して、成年後見制度は意思決定支援、自分らしい生活を送るために、法律上の判断をするときに支援する制度ということになっております。

一連の流れですけれど、判断能力が不十分にということで、銀行の窓口に、おじいちゃんが来て、通帳、ハンコ預かっていないか？　とか、そういったことを何回も問い合わせている。だんだん、判断能力が弱くなってきているんじゃないかなというときに、法律上のいろんな行為を自分の判断でしてしまうと、必ずしも自分の利益とはそぐわない結果になることが多々ありますから、そういったところをサポートしていこうというのが成年後見制度でございます。

成年後見制度、例えば、うちはアパート経営をしているから、会計に詳しい専門家にお願いしたいというところで、成年後見制度を申し立てるとき、タイミングというのは、どうしても法律上の意思決定が境目になると思いますので、先ほどのＤＶＤのように、例えば、おじいちゃんが死んじゃって、おばあちゃんが遺産分割協議に関与しなくちゃいけなくなって、おばあちゃんが法律上の判断をしなくちゃいけなかったりするようなときとか、ご本人様が介護施設に入居するときに、自分の判断で入居する判断をしなくちゃいけないときに、意思決定能力が弱くなっていたりとか、生命保険金を受け取ったりだとか、アパートを、例えば、大家さんがアパートの賃貸借契約を締結するようなとき、そういったときに、判断能力が弱くなっている方をサポートする仕組みとなっております。

そういった事情になりましたら家庭裁判所に成年後見の申立て、本人から申立てをすることもできますし、ご家族から申立てをすることもできます。中立てをしていただいて、家庭裁判所のほうで審議をします。審議が終わりまして、家庭裁判所の職権で成年後見人という役割の方が決められるわけですが、その役割の方が本人に成り代わる、ご本人様の代わりに、例えば、銀行の手続、介護施設の契約手続、市役所とかの行政手続、病院などの入退所の事務手続等するような制度でございます。

成年後見人さんのお仕事は、お金の管理というところも重要なところではありますので、1年に1回程度、その方の収入がどういう収入があって、その方のためにどういう支出をしたのかという収支報告を家庭裁判所にすることになります。

それでですね、成年後見制度が終わるときですが、ご本人様の意思能力が復活して、健常な判断ができるようになったときというのが一番ハッピーな展開なのかなとは思うんですけれども、現実的なお話しすると、亡くなったことにより成年後見制度が終了となることが多いです。ご本人様が仮に亡くなった場合については、預かっている通帳、現金、預金等を相続人さん、ご家族に引き渡して、成年後見人さんの仕事が終了ということになります。これが大まかにいう成年後見制度の流れでございます。

介護保険と成年後見ですが、介護保険はより生活に密着したところ、成年後見は法令上、意思決定支援をサポートする制度というふうに考えていただければよろしいんじゃないでしょうか。

それで、すみません、ちょっと堅い話をさせてください。

それでは、成年後見制度の改正とその理念というところで、今日は成年後見制度に直接関係のあるところだけ説明させていただきます。

以前からの流れでいうと、民法上、禁治産・準禁治産という制度がございました。皆さんたちはもうそういう世代ではないのでご存じないかもしれませんけれども、平成12年に禁治産・準禁治産という制度が成年後見制度というところに衣替えをして、この制度が始まっております。

この新たな成年後見制度の目的は、ノーマライゼーションや自己決定権の尊重などの新しい理念と本人保護の理念との調和を目指しております。

ノーマライゼーションとは、成年被後見人がそうでない人とひとしく基本的人権を共有する個人としてその尊厳が重んじられ、その尊厳にふさわしい生活が保障されるべきとの理念です。自己決定権の尊重とは、成年被後見人等の意思決定支援が適切に行われるとともに、その自発的意思が尊重されるべきとの理念です。また、身上保護の重視とは、成年被後見人等の財産管理のみではなく、身上保護が適切に図られるべきという理念です。さらに、個人の持つ尊厳や権利の擁護に対しても、禁治産及び準禁治産の制度に見られなかった身上配慮義務が課されているところから、言わば人間尊重の理念が基本にあると言えます。以前の禁治産制度・準禁治産制度というのは、判断能力が薄くなってきたら、その方はこれをして駄目だよ、あれをして駄目だよっていうところで、その人の財産権の行使には、まあ極論ですけれども、ある程度制約をかけて、その方を保護するという狙いがあったように思われます。

ただ、それではなくて、成年後見制度は、自己決定権の尊重、ご本人様の自己決定権、あとはノーマライゼーションですか、成年被後見人、意思能力が弱い方についても、健常の方と同じように、社会の中で共に生きようという理念があるように思われます。

Ⅲ　法定後見制度と任意後見制度

では、次のセクションに行かせていただきます。

成年後見制度の目的は、先ほどから言っているように、判断能力が十分でなくなった方々を法律的に支援して、共に生きる社会の実現を目指していくことですが、それを具体的にどのようにサポートしていくかというところで、法定後見制度と任意後見制度ということで2つの制度がございます。

法定後見制度というのは、家庭裁判所がご本人様やご家族、あとは行政、市町村長から、この方ちょっと判断能力が低下してきたようなので、成年後見人さんなどをつけてくださいという申立てに基づいて、家庭裁判所の職権でふさわしいと思う人を選んで、成年後見人等を選任する制度というように言っていいのかなと思います。

もう一つ、任意後見制度というのがございまして、先ほどDVDにあったように、ご自分の人生ですから、この方にサポートしてほしいと、そういう人がいましたら、事前に、公証人のところに行って、公正証書で任意後見契約を締結し、ご自分が選んだ方に、ご自分の判断能力が弱くなってきたときにサポートをしていただくようなな制度というふうに言ってよろしいのではないかと思います。

まず、法定後見制度について取り上げていきたいと思います。

法定後見制度というのは、これは、判断能力が不十分な程度に応じた後見、保佐と、軽度の判断能力の低下が見られる人を対象とする補助の3つの類型に分け、対象者の範囲を広げ、本人の判断能力の内容に応じた支援を行う制度です。また、成年後見人等の支援者は、家庭裁判所が事案ごとに適任者を選任し、法人または複数の成年後見人等も認められるようになりました。これら支援者には身上配慮義務が課され、制度の充実が図られておりますというところで、法定後見制度は、本人、ご家族、行政、行政の長などから申立てがあったときに、家庭裁判所が適任だと思う人を選任する制度でございます。

そのご本人様の判断能力に応じまして、後見類型、保佐類型、あと補助類型ということで3つ類型が分かれております。その類型の違いについて、ご説明します。

法定後見、任意後見の類型というところで、ご本人様の意思能力の程度に応じて、後見類型、保佐類型、補助類型という3つの類型に分かれております。

次は、法令上の要件を申し上げます。

後見の類型ですけれども、精神上の障害により事理を弁識する能力を欠く状況にある者。事理を弁識する能力を欠く状況にある者なので、常に意思能力が弱い方というふうなご理解でよろしいんじゃないでしょうか。保佐、精神上の障害により事理を弁識する能力が著しく不十分な者。補助が、精神上の障害により事理を弁識する能力が不十分な者です。事理弁識能力を欠く状況にある人が後見、著しく不十分な方が保佐、不十分な方が補助ということで、このあたりの区分けといいますか、どの類型に当てはまるかというのは非常にファジーなところではございますが、一般的な話を言うと、後見類型が一番手厚いサポートが必要で、保佐、補助の順に、そのご自分の判断能力があるというふうに考えてよろしいんではないでしょうか。

それで、どのように成年後見人等の関与が違ってくるかについて説明します。

まずは代理権ですが、皆さん、法律学、法学、一般教養で取っている方もいるかと思うので、私より詳しいのかもしれませんけれども、平たく言うと、代理権っていうのは、その方に代わって自分が法律上の行為をするという理解でいいんじゃないかなと思います。成年後見類型になると、全ての財産的法律行為について代理権が与えられております。付与の審判、本人の同意は不要でございます。成年後見人という立場に就くと、もうオートマチックに代理権、その方に関する法律行為については、その方に代わって判断するという非常に重い責任が付与されます。

そうですね、私も成年後見何回かやりましたけれども、当然代理権が付与されますので、ご本人様の通帳から、例えば、ご本人様の家族に相続が起きたときの遺産分割協議から、例えば、そのご本人様が自分で不動産の物件を所有していて、新たに賃貸借契約を始めるということであれば、その賃貸借の契約まで全て成年後見人さんが幅広く業務を行っていかなくてはいけないということで、非常に責任は重くなります。成年後見の類型になりますので、ご本人様がどうしても言葉で、成年後見人さんにこういうことをしてほしいとか、そういったことを申し上げるのは実際難しいと思います。ですので、社会通念、一般常識、その方の生い立ち等を考えて、その方のために一番よいであろう法律上の行為を成年後見人さんはジャッジしていかなくちゃいけないというところで、非常に成年後見人さんは責任も重いけれども、代理権もあって権限が強いという話になっているかと思います。

次、保佐類型です。保佐類型ですので、ご本人様である程度判断能力はあるという前提で進んでいきます。そうしますと、代理権については、こちら保佐類型、特定の法律行為についてあるというふうになっております。特定の法律行為、民法13条1項という話になっておりますが、すみません、民法13条1項と言われてもなかなかぱっとこないと思いますので、ちょっと今、私がスマホで調べてみました。民法13条1項に定める行為というのは、貸金の元本の返済を受けること、金銭を借り入れたり保証人になること、不動産をはじめとする重要な財産について手に入れたり手放したりすること、民事訴訟で原告となる訴訟行為をすること、贈与をすること、相続の承認・放棄をしたり遺産分割をすること、贈与・遺贈を拒絶したり不利な条件がついた贈与や遺贈を受けること、新築・改築・増築や大修繕をすること、一定の期間を超える賃貸借契約をすることということなので、すごく丸めて言っちゃうと、ご本人様に非常に大きい影響を及ぼす法律行為というふうに言ってよろしいんじゃないかなと思います。そちらについて、申立てのときに、ここの部分については代理権があるというふうに申立てをして、認められれば、その行為については代理権があるというふうな理解でよろしいかと思います。ただ、その部分については本人の同意は必要だということになっております。保佐ですので、ご本人様である程度意思表示はできるということですから、当然に代理権が全て付与されるわけじゃなくて、重要な部分について、申立ての範囲の中で代理権が付与されて、そこの部分については本人の同意が必要だよという制度になっております。

続きまして、補助ですので、後見類型でもなく、保佐類型でもなく、補助類型ですので、意思能力は、ある程度あります。ただ、弱い部分を補っていくというイメージなんでしょうか。ですので、代理権については、申立ての範囲内で代理権は付与されて、付与の審判も本人の同意も必要だということになります。

同意権、取消権という概念がございます。

代理権っていうのは、全てを、その方、成年後見人さんが全て代理するというイメージですけれども、補助の類型になってくると同意権、取消権のところに特徴が出てきて、基本的には本人、ご本人様に決めていただこうと。ただ、ご本人様に決めちゃうと、ご本人様に不利な結果になるような法律行為については、後から成年補助人ですか、補助の方につくのは補助人なので、補助人の方が後から取消しをしたり、この行為で問題ないよというところで同意をしたりすることにして、その法律行為を有効にするような流れになるということです。

そうしますと、補助ですと、同意権、取消権というものので、基本的には本人の同意が必要で、そこで同意権を行使したり、取消権を行使したりすることで、本人の法律行為をサポートしていこうというところで特色が分かれております。

ですので、一言でまとめてしまうと、後見は代理権が付与されておりますので、本人の同意も不要ということになりますから、後見人の一存で全て決まってくるので、非常に重い責任ということになってきております。保佐類型になってくると、代理権はある。ただ、それも中立ての範囲の中。ただ、同意権、取消権については、本人の同意は要らずに同意権、取消権を行使することができる。補助になってくると、ご本人様の意思を本当に尊重しようということになりますので、同意権、取消権についても本人の同意が必要になってくるというような立てつけになっております。

以上が法定後見の3類型でした。

ただ、実務上の流れでいうと、実際は後見類型がほとんどだと思います。理念上という話になってくると、どうしても補助、保佐というところで、専門的な方が事細やかにサポートするというところが望ましいところはあるとは思うんですけれども、今日の授業の最後のところで、成年後見制度が必ずしも理念どおりに運用されているわけではないというところがありますので、そういったところで後見類型の方が8割、9割を占めるのが実情ではないかと思います。これはまた後ほどお話をさせていただきます。

続きまして、任意後見制度の説明をさせてください。

新たに設けられた任意後見制度は、本人の判断能力が健常な段階で、契約によって、判断能力が低下した場合における後見事務の範囲や支援者をあらかじめ定めておくことができる制度です。成年後見制度が、既に本人が判断能力を欠いている場合に適用する制度であるのに対し、任意後見制度は、将来判断能力が不十分になった場合の措置を自ら備えることを目的とした新しい制度です。自らの将来は自らが事前に決めること、すなわち自己決定の尊重の理念から、原則として任意後見契約による保護が優先されることになります。成年後見制度の目的というのは、自己決定権の尊重というところにあるかと思います。法定後見だと、そういう自分が、例えば、私が成年後見人をつける、成年後見の類型になりましたというときには、自分の意思ってのは表現できないわけじゃないですか。ただ、任意後見っていうのは、私は判断能力がしっかりしているうちにこの人にお願いすると、具体的にはこういうことをやってくれっていう内容を任意後見契約に残しますので、まあご本人、自分の意思が尊重されるような制度ということになっております。そういったところで、自分の意思を尊重させるために、判断能力が弱くなる前に、公証人のところに行って任意後見契約を結んで、それを発効させていただくということになっておりますので、事務手数というとそれなりにかかります。

では、任意後見制度の概要ですが、契約締結能力がある段階で契約をします。事理弁識能力が不十分な状態で開始ということで、先ほどから申し上げているように、自分の意思能力があるうちに契約を締結します。手続の開始の申立てをするのが、本人、配偶者、4親等内の親族、あとは任意後見人の受任者ということになります。

それでですね、任意後見制度は、何でしょう、あくまで本人が健常なときに自分の判断でしている契約とはいえ、広範な代理権が任意後見人に付与されます。代理権が付与されたときに、自分の判断能力が弱くなっているわけですので、そこを一定のチェックをする必要があります。ですので、ここの機関というところで、任意後見監督人という機関があります。法定後見、後見、保佐、補助のところで、後見監督人、保佐監督人、補助監督人をつけるというのは、これは家庭裁判所の職権・判断です。経費がかかる話なので、この後見監督人、保佐監督人、補助監督人っていうのはつかないケースもございます。ただ、任意後見の場合については、やっぱり任意後見監督人をつけないと、その方の代理権の行使が適正に行われているかどうか、そこをチェックする機関はありませんので、ここの任意後見監督人は必須というところが特徴でございます。

それで、一度任意後見契約が締結すれば、成年後見人と同様に代理権はございますが、その代理権に関しては、契約で付与した範囲ということになっております。ですので、成年後見人さん、法定後見でいってくると、社会通念、一般常識、家庭裁判所の判断というところで、ある程度お金の使い方、契約の仕方っていうのは限定されてくるような側面はあるかとは思いますが、任意後見になって、自分が健常なときにこういうことを是非してほしいとか、そういったことを任意後見の契約書の中に盛り込んでおけば、契約で付与した範囲の部分については、任意後見人さんが幅広い代理権の中で事務処理をしていただく、判断をしていただくという立てつけになっております。

おわりに

それでは、お配りした、日経新聞の記事の資料をご覧ください。
11月3日、木曜日、この最近出た、本当に最近出た新聞記事でございます。
見出しが『成年後見、進まぬ利用　「報酬一生」「手続煩雑」で敬遠　柔軟な選任・交代が必須』ということで、過激な見出しになっております。

先ほどから私、申し上げておりましたが、この制度は2000年にスタートして、介護保険と成年後見制度は車の両輪のはずでした。ただ、利用件数は全く違うということで、介護保険を利用していない方っていうのはいないと思いますが、成年後見制度を利用している方は少ないというのが現状だと思います。

では、まず、記事を読ませていただきます。

認知症などで判断能力が低下した人を法律的に支援する成年後見制度の利用が進んでいない。高齢社会を支える制度として2000年に介護保険とともに導入されたが、成年後見人に支払う報酬や煩雑な手続を敬遠し、利用をためらう人が目立つ。法務省などは、6月に有識者検討会を設置。財産の処分時など必要なときに柔軟に利用できる制度に見直す検討を始めたという記事でございます。

記事の内容。

「この家は売れないかもしれない」――。今春、60代の女性が80代の母親に切り出すと、リビングに重苦しい空気が流れた。認知症の父親が老人ホームに入居したのを機に、母親が暮らす東京都内の一軒家を売却し同居する計画を立てた。だが、売却の相談をした不動産業者から返ってきたのは、「認知症の人は後見人を選任しないと売却できない」という想定外の言葉だった。

民法は、売買契約の際、その結果を理解できる能力がなければ契約は無効と規定する。認知症の人は判断能力が不十分とされ、所有する不動産を売却する際は成年後見人などを選任する必要があるというところで、まず1回ここで切ります。

これ、どういうことを言っているかというと、基本的には、民法上の行為をするためには、ご本人様がその結果を理解して、その結果を理解した上で法律行為しないと無効になります。ですので、認知症の方で判断能力がない、まあ何でしょうか、そういう定義になってしまうと、その方も一人では法律行為はできないというのが今の民法上の立てつけです。そうなってきますと、成年後見人を申し立てて、成年後見人の代理権の中で間違いのない判断をしていただくというのが成年後見制度というところになっております。といった話になりますので、まずは、このケースではお父様が認知症になって、自分の事理弁識する状況にないという状況であれば、成年後見人を申し立てないと前に進めない。まず、そこまでの事実関係はあるかと思います。

では、続けて記事を読み上げます。

女性は自分が成年後見人になろうと準備を始めたが、後見人は家庭裁判所が職権で選任する仕組みです。希望者が選ばれる保証はなく、面識のない弁護士など専門職が選ばれる可能性がある。女性はこうした事情を知り、親族やケアマネジャーと話し合って制度を使わないことを決めた。女性は「法の趣旨は分かる。でも、父の財産を第三者に管理されることについては納得がいかなかった」と振り返る。

厚生労働省の推計では、認知症の高齢者は20年時点で600万人。これに対して制度利用者は21年時点で24万人、単純計算で約4%にとどまる。要因の一つが家族側のニーズとのミスマッチにあるということでございます。

これはどういう話かといいますと、法定後見という制度は、先ほども申し上げましたように、本人、ご家族、市町村長などから申立てがあった場合に、成年後見人等を家庭裁判所の職権で決めます。候補者というのを家庭裁判所に推薦することはできますけれども、必ずしもその候補者が選任されるとは限らないし、家庭裁判所のジャッジに対して不服申立て等の制度もないのが成年後見という制度になっております。このケースでいいますと、女性、奥様ですね、ご家族がお父さんの成年後見人になりたいというふうに家庭裁判所に申立てをする前提でお話を進めていたようなんですけれども、ケアマネジャーの方から、必ずしも身内の方がこの成年後見人に選任されるとは限らないよというアドバイスを受けて、制度の利用をためらったというのがこの記事の趣旨です。

ここで、なぜそういう話が起きてくるかというと、成年後見制度で問題になっているのは、あくまで本人の権利擁護、本人の権利を、本人の利益を確保することにあって、家族の利益を確保するためにはないっていう考え方が、大原則です。身内、ご家族が成年後見人になると、結果的にご本人様、認知症の方の財産をご家族の生活費に使い、ご本人様の利益に反するんじゃないかという考えが以前からございました。成年後見人の制度がスタートしたのが2000年、その当時は、家庭裁判所で成年後見制度を申し立てると、成年後見人にご家族の方が選任されたのが約9割で、第三者後見、弁護士、司法書士、税理士、社会福祉士等が選任されたのが約1割だったんですけれども、現在はその比率がもう逆転しておりまして、ご家族が選任されるケースは約2割、他人が選任されるケースが約8割ということになっております。このような形で、第三者の方が専門職、まあ専門職とは限らないですけれども、第三者の方が成年後見人に選任される傾向がはっきり出てきたのは、家庭裁判所が、どうしても家族に成年後見人をやっていただくと、ご本人様の財産とご自分、成年後見人の財産が交じっちゃって、そこのところで適正な管理ができないんじゃないかというような判断があって、恐らくこういった比率になっているものと思われます。あとは、考えられることとすると、必ずしも、今、少子高齢化が進んでいるので、ご家族の中での候補者がいなくなっている、そういったこともありますけれども、成年後見制度の基本的な仕組みというのは、あくまでご本人様の権利擁護のために家族が成年後見人になってしまうと、結果的にご本人様の財産が家族のために使われているケースが目立った、そういったところで、第三者後見人を選任する傾向が増えているという実情があるという現状で、この方はためらったという話でございます。

そうしますとですね、ご家族でやる分には報酬はかからないのが普通ではないでしょうか。制度上、ご家族が報酬を請求してもいいんでしょうけれども、わざわざ請求しない方が多いと思いますし、ただ、それが全くの他人になってくると、基本的には報酬が発生するのは当然と言えば当然だと思います。

成年後見制度というのは、一度成年後見の申立てをしますと、成年後見人が、成年後見が終了するのは、ご本人様の判断能力が回復した場合か亡くなった場合というところで、なかなかご本人様の判断能力が回復をして成年後見制度の利用が終了するというハッピーな展開にはなりづらいという現状はあるんじゃないかなと思います。そうしますと、このケースでいうと、土地を売りたいときだけに成年後見人を頼みたいんだけれども、結果的に、第三者の後見人さんに一生報酬が発生して、一生その方に成年後見人をお願いすることになるという制度について問題があるということでございます。

そういった問題提起を受けまして、記事の途中のところからまた読み上げます。

成年後見制度の相談を受ける一般社団法人後見の杜の宮内代表は、「申請しても親族が選ばれるとは限らず、裁判所によって選任の基準も分からない。後見が必要となる場面が終わっても報酬の支払いが続き、使い勝手が悪い」と指摘する。

東京家裁は、弁護士などの専門職が成年後見人に選任された場合の報酬の目安を月額2万円としている。財産が5、000万円以上ある場合には、報酬が月額5万円から6万円に上がる。選任されると、症状が改善しない限り、被後見人の死亡時まで報酬を支払い続ける必要がある。

最高裁によると、21年に成年後見人や保佐人に選ばれた3万9、571件のうち、親族は2割弱。司法書士や弁護士などの専門職が多数を占めた。制度開始当初は親族が選ばれるケースが多かったが、費用の重さなどから減少傾向にあるということで、日本経済新聞の記事はここを丸めていますが、恐らくはですけれども、ある程度金融資産があるところについては、親族後見が認められない傾向にあるのはもうはっきり出ていることなので、ご本人様の財産の流用を家庭裁判所側が危惧している傾向にあるというのは、恐らく事実ではないかと思われます。

それで、利用を促すため、最高裁は19年1月、全国の家裁に「ふさわしい親族等の支援者が身近にいる場合は身近な支援者が後見人として望ましい」との見解を通知しております。厚労省も22年度から始まった利用促進計画で「本人にとって適切な後見人の選任や状況に応じた交代の推進」を明記したというところでございます。

どうしても一度選任をされてしまうと、ご本人様の状況がよくなるか、亡くなるまで、あと基本的には成年後見人さんっていうのは交代ができない、交代はしないような想定になっておりますので、そこのところの手続が硬直化してしまうというところはあるのではないかと思います。例えば、第三者後見ということで、弁護士さん、司法書士さんが入らなくてはいけないケースは、例えば、自分のところの土地を売ったりだとか、遺産分割協議をしたりだとか、保険金を一回受け取って、財産をきれいにした後は、あとはご家族に、お渡ししてもいいんじゃないかというような流れ、問題提起がされております。

あとの課題につきましては、例えば、第三者後見、他人が後見人を降りたときに、ご家族の中で、その財産管理の適切な運用ができるような仕組みをどういうふうに構築していくかということですけれども、もともと親族後見が多かったんだけれども、ご家族の中で、適切でない財産管理の仕方の問題提起があって、第三者後見に振れてきた。ただ、第三者後見のほうが硬直化してきて、ご家族に戻すべきじゃないかというような問題提起なんですけれども、もともとは、その第三者後見に振れた原因っていうのは、適切な財産管理がされていなかったという側面があるというところなので、そこのところと制度の硬直化のところをどのように解決するかというのが今後の課題になるのではないでしょうか。

それでは、おおむね時間が来たようですので、私の説明はこのあたりで終了させていただきます。どうもお疲れさまでした。ありがとうございました。

第4章　所得税法トピックス

播磨依子

はじめに

皆さんこんにちは。本日担当させていただきます、東北税理士会の播磨依子といいます。よろしくお願いいたします。

本日は、「所得税法トピックス」ということでお時間をいただきました。この寄附講座は9月から始まり、15回のうち13回目になりますので、終盤に入ったところでしょうか。

私は税理士として令和元年に開業いたしましたので、実はまだ4年目になります。4年目といったら20代・30代のバリバリという感じなのですが、皆さんから見たらおばあちゃんかもしれないぐらいの年齢です。というのは、国税局、税務署に42年間、その後2年間再任用として勤め、それから税理士を開業いたしました。本日は税理士という立場からと、国税局、税務署での経験も含めて、皆さんにお話しできたらと思っています。

所得税法というのは明治20年にできた税法です。基本的なことは、皆さんここまで既に学んでいると思います。本日の内容ですが、「所得税法の特色」、それから「10種類の所得区分」

と「15種類の所得控除」についてお話しさせていただきます。

今日は12月19日ですね。先日、ニュースでもかなり話題になっておりましたが、12月16日に令和5年度の税制改正大綱が発表され、にわかに復興特別所得税というのがいろいろ話題になっていたところではありますが。12月中旬は、会社員の1年間の税金の精算をする年末調整、更に年明けの確定申告の話題で溢れる時期になります。インターネット、テレビでも非常に税金のことが、話題となる時期になりますので「所得税法トピックス」を講義するにはいい時期かなと思っています。

国の収入に占める所得税額ですが、令和4年度、国の収入の当初予算は年間107兆5,964億円。そのうち、65兆2,350億円が租税及び収入印紙になっています。租税及び収入印紙のうち源泉所得税と申告所得税を合わせた所得税額が20兆4,000億円となっており、31・3%を占めています。消費税額が21兆6,000億円ですので、消費税についで多い税目になっています。ついこの間までは所得税が一番多かったのですが、消費税が10%に上がって、今は消費税のほうが少し多いというような状況なっています。

次に国税庁が発表している税務相談の件数になります。今、一般的な税務相談といいますと、各税務署に「ちょっと相談したいわ」と電話をしても、実は税務署の職員と話しをするのはなかなかハードルが高くなっています。一般的な相談は、東北6県の場合は仙台国税局の電話相談センターで一括して受け付け、相談に当たっているということになっています。毎年1月中旬から3月中旬までは普段よりも電話相談が多くなるため、私たち税理士も交代で電話相談に当たっているような状況になっています。

電話相談における令和3年度の状況は、全国ベースになりますが、相談の多い項目順に、1位「申告義務・手続等（所得税）」、2位「住宅借入金等特別控除（所得税）」、3位「年末調整（所得税）」、4位「医療費控除（所得税）」、5位「相談案内・署の所在地（所得税）」になります。電話相談は1位から5位まで全部所得税が独占状況になります。また、国税庁ホームページにタックスアンサーというのがありますが、1位「所得税の税率（所得税）」、2位「医療費を支払ったとき（所得税）」、3位「印紙税額の一覧表（印紙税）」、4位「給与所得控除（所得税）」、5位「直系尊属から住宅取得資金の贈与を受けた場合の非課税（贈与税）」の順になっています。これも1、2、4位が所得税になっています。電話での税目ベース相談件数では、断トツで所得税が1位です。電話相談とかタックスアンサーを見ている人というのは、一般の人が多いので、こういう結果になるのかなと思います。

会社の法人税、消費税、社長さんの事業承継のこととか、相続、贈与に関しての相談というのは、私たち税理士に相談するというパターンが多いようです。

どうしても身近な税金というと、消費税というのを思い浮かべるのですが、電話での消費税の相談というのは、どちらかというと一般的な相談ではない特殊な相談が多いようです。

また、個人的な消費税に対する苦情が多いかなという感じがしています。

所得税の特色

- 所得税は、原則として個人の所得に対して課される租税であり、法人の所得に課税される法人税と並んで直接税の代表的な存在である。

- 租税の理念として、最も重要なことは「負担の公平」ということであり、租税の負担が公平であるということは、納税者が各自の担税力に応じて租税を負担することである。

- 所得税は、個人の「所得」そのものを担税力の指標として取り上げているところにその特色がある。

担税力の指標	租税の種類	
所　得	所得税・法人税	直接税
資　産	相続税・贈与税	
消　費	消費税	間接税
取　引	印紙税	

I　所得税の特色

所得税は、自分で納める税金を自分で計算して、自分で納めるという「自主申告納税制度」がとられています。

所得税は原則として個人の所得に対して課される租税です。租税の理念として最も重要なことは「負担の公平」ということであり、租税の負担が公平であるということは、納税者が各自の担税力に応じて租税を負担することになります。所得税は、個人の所得そのものを担税力の指標として取り上げているところにその特色があるといえます。

「所得」を担税力の指標としたものは、「所得税」、「法人税」があります。「資産」を担税力の指標にしたものは、「相続税」、「贈与税」があります。これらは「直接税」と言われるものです。

また、「消費」を担税力の指標としたものは「消費税」、「取引」を担税力の指標としたものは「印紙税」があります。これらは「間接税」と言われるものです。

所得税法は、租税負担の公平、すなわち応能負担の目的をよりよく達成するため次の点を柱として規定しています。

1つ目は、原則として、個人に帰属する所得をすべて総合し、所得の額すなわち担税力の大きさを的確に把握した上で課税するという建前をとっています。

2つ目は、所得税の税率は、所得の大小にかかわらず一律に一定税率を課する比例税率ではなく、所得が増加するにつれてその増加部分に順次高い税率を適用するという制度をとっています。これを「超過累進税率」といいます。

3つ目は、世帯構成や家族の生活のための費用を考慮し、各人の所得のうち一定の金額が課税の対象から除外されています。所得控除として、配偶者控除、配偶者特別控除、扶養控除、基礎控除があります。

4つ目は、個人的事情を考慮し、所得の額が同じであっても、各人の置かれた状況によって税負担を軽減するための措置がとられています。所得控除として、雑損控除、医療費控除、障害者控除、寡婦控除、ひとり親控除、勤労学生控除があります。

所得税の計算の仕組み

所得税は、その年の１月１日から12月31日までの１年間に生じた所得の金額について計算する。

各種所得の金額の計算	＝	10種類の各種所得の別に、それぞれの所得の金額を計算する。
課税標準の計算	＝	「損益通算」及び「純損失又は雑損失の繰越控除」を行う。
課税所得金額の計算	＝	「所得控除」を行う。
税額計算	＝	「税率適用」→「税額控除」を行って、所得税額を算出する。

Ⅱ　所得税の計算の仕組み

所得税は、その年の1月1日から12月31日までの1年間に生じた所得の金額について計算します。4月から3月まででではありません。4月から3月っていくのですね。国の予算なんかは会計年度でやっていくのですけれども、所得税は1月から12月まで、暦どおりです。

まず10種類の各種所得に区分し、それぞれの所得の金額を計算します。できるものとできないものがありますが、黒字と赤字の通算、それから去年の赤字を繰り越し、課税標準というのを出していきます。そして15種類の所得控除を行い、課税所得金額を計算し税率を適用して税額計算をします。これが所得税を計算する順序になります。

電話相談の第1位が「申告義務、手続」という話しをしたのですが、「私は申告が必要でしょうか」という相談が多いですね。税金を納めなければならない人はもち

10種類の所得区分

所得区分	所　得　金　額　の　計　算
利子所得	利子所得の金額＝収入金額
配当所得	配当所得の金額＝収入金額－株式などを取得するための負債の利子
不動産所得	不動産所得の金額＝総収入金額－必要経費
事業所得	事業所得の金額＝総収入金額－必要経費
給与所得	給与所得の金額＝収入金額－給与所得控除額
退職所得	退職所得の金額＝（収入金額－退職所得控除額）× 1/2
山林所得	山林所得の金額＝総収入金額－必要経費－特別控除額（最高50万円）
譲渡所得	譲渡所得の金額＝譲渡益－特別控除額（最高50万円） 譲渡益＝【短期譲渡所得の収入金額－（譲渡資産の取得費＋譲渡費用）】 ＋【長期譲渡所得の収入金額－（譲渡資産の取得費＋譲渡費用）】 所得金額を計算する場合は、長期譲渡所得金額はその1/2に相当する金額が他の所得と総合
一時所得	一時所得の金額＝総収入金額－収入を得るために支出した金額－特別控除（最高50万円） 所得金額を計算する場合は、一時所得金額はその1/2に相当する金額が他の所得と総合
雑所得	（公的年金等の収入金額－公的年金等控除額） ＋（公的年金等以外の総収入金額－必要経費）

ろんですが、税金が戻る人もいます。分かりやすく説明しているつもりなのですが、申告したことのない人にとってみると、説明されていることが疑問符3つぐらい付くような状態になるようです。その次には、「申告しないとどうなりますか」と聞かれることが多いです。自分のことでも大変ですが、自分以外の人のこと、特に親御さんの申告のことで相談してくる人は多いです。

所得金額を計算するに当たって、「10種類の各種所得の別にそれぞれの所得金額を計算する」と話しましたが、「10種類に分類する」こと自体が大変なことになります。

所得の発生原因別に分類すると、①預貯金の利子、株式投資による配当、地代、家賃等の資産を運用することによって生ずる所得②給料、賃金、報酬等の勤労から生ずる所得③商工業、農業などの経営から生ずる利益の資産と勤労によって生ずる所得　④　土地、家屋、株式等の資産を処分することによって生ずる所得に分類することが出来ます。

また、所得の発生形態別に分類すると　①　利子、配当、給与、事業等の所得などの毎年繰り返して発生する経常的な所得　②　土地、家屋、株式等の譲渡による所得などの臨時的に発生する所得　③　漁業、印税の所得などの毎年発生してもその額の大きさに変動を伴う所得　④　退職金、年金、山林の譲渡による所得など長い年月にわたって形成されなければ生じない所得に分類することが出来ます。

そのほかにオリンピック・パラリンピックのメダリストへの報奨金とか、宝くじの当せん金などは税金がかからない非課税所得となっています。また、肉用牛の売却による所得しかなくなってしまいましたが、農業所得の課税の特例ということで免税所得というのもあります。

非課税所得のところで、オリンピック・パラリンピックのメダリストへの報奨金が非課税と話ししたのですが、実は昔々、バルセロナオリンピックで岩崎恭子さんという方が14歳のとき、競泳女子200メートル平泳ぎで、金メダルを取ったのですね。そのときの報奨金、その当時は1992年ぐらいの話ですので、300万円ぐらいだったと思うのですけれども、実はその当時は一時所得だったのです。14歳の金メダリストに9万円課税されるというのが結構新聞に取り上げられたことがありました。それから2年後、1994年にこのオリンピック・パラリンピックの報奨金は非課税になっています。今のメダリストの人は報奨金には税金がかからないということになっています。時代とともに税法も変わるのですね。

10種類の所得金額のそれぞれの計算になってきます。利子所得から雑所得まであるのですけれども、基本は「所得＝収入金額－必要経費」になります。収入金額と言ったのですけれども、この表を見ていただくと分かるように、「収入金額」と「総収入金額」という2つの用語があるのに気づいたでしょうか。「総収入金額」は不動産所得、事業所得、山林所得、一時所得、雑所得で用いられていますが、副収入とか付随収入が加わって、その収益の内容が複雑な場合が多いことを踏まえたもので、「総収入金額」は「収入金額」よりも広い概念になっています。

ここで一時所得のお話しです。これまで一時所得は、競馬の当たり馬券や保険の満期金で話題になるくらいでしたが、最近一時所得になるのが多いなと思っているところです。全国旅行支援の個人の受けた割引とかクーポン、これも一時所得です。それから、ふるさと納税の返礼品、これも一時所得です。

一時所得の金額は、総収入金額から収入を得るために支出した金額を引き、更に特別控除として最高50万円を引くことが出来ます。なお、所得金額を計算する場合は、一時所得の金額はその1／2に相当する金額を他の所得と総合することになります。

全国旅行支援の割引、クーポン、ふるさと納税の返礼品、大当たりしなければ競馬の当たり馬券も、それぞれを見たら50万円ってなかなかならないので、一時所得にならないのかなと思ってしまうのですけれども、一時所得というのは、その年、一時所得になるものを全て足して、そこから特別控除の50万円（最高）を引くことになっています。外貨建ての保険を、今までは解約すると、元本割れした人がたくさんいたのですけれども、今年は円安の関係で利益がでた人が多いみたいです。今年の申告のときは一時所得に気をつけなければいけないなと、個人的には思っています。

それでは、皆さんに少し考えていただきたいと思います。Aさんはフードデリバリーの配達員をしています。〇〇会社に所属して時給は1，000円です。配達するための自転車は会社から貸与されています。Bさんもフードデリバリーの配達員をしていますが、△△会社に登録し、配達1件当たり1，000円です。配達するための自転車は自分のものを使用しています。AさんとBさんはそれぞれ何所得になるでしょうかという問題です。

考えていただけたでしょうか。Aさんは給与所得、Bさんは事業所得または雑所得になります。同じような働き方ですが、給与所得と事業所得と雑所得と3種類の所得が出てきました。

その判断基準を見ていきたいと思います。

まずは「給与所得」から見ていきたいと思います。

「最高裁昭和56年4月24日判決」があるのですが、「給与所得とは、雇用契約又はこれに類する原因に基づき、使用者の指揮命令に服して提供した労務の対価として使用者から受ける給付をいう。なお、給与所得については、とりわけ、給与支給者との関係において何らかの空間的、時間的な拘束を受け、継続的ないし断続的に労務又は役務の提供があり、その対価として支給されるものであるかどうかが重視されなければならない。」とあります。

① 指揮命令に服して提供した労務の対価であること
② 空間的、時間的な拘束を受けていること
③ 継続的ないし断続的に労務又は役務の提供があること

これに当てはまれば「給与所得」になります。

また、使用者から「源泉徴収票」が交付されます。使用者は法人・個人を問いません。

次に「事業所得」と「業務に係る雑所得」について見ていきたいと思います。

所得税基本通達35－2（業務に係る雑所得の例示）が令和4年10月に改正になりました。

「所得税基本通達35－2（注）書 前段」に

「事業所得と認められるかどうかは、その所得を得るための活動が社会通念上事業と称するに至る程度で行っているかどうかで判定する。」という文言があります。

この社会通念の判定について、先ほどの給与所得と同じ「最高裁判決昭和56年4月24日」では、「事業所得とは、自己の計算と危険において独立して営まれ、営利性、有償性を有し、かつ反復継続して遂行する意思と社会的地位とが客観的に認められる業務から生ずる所得をいう。」としています。

また、「東京地裁判決昭和48年7月18日」では、「いわゆる事業に当たるかどうかは、結局、一般社会通念によって決めるほかないが、これを決めるにあたっては営利性・有償性の有無、

継続性・反復性の有無、自己の危険と計算における企画遂行性の有無、その取引に費やした精神的あるいは肉体的労力の程度、人的・物的設備の有無、その取引の目的、その者の職歴・社会的地位・生活状況などの諸点が検討されるべきである。」としています。

その所得を得るための活動が事業に該当するかどうかについて、社会通念によって判定する場合には、上記判決に示された点を総合勘案して判定することになります。実務ではこれがなかなか難しいです。

そして「所得税基本通達35－2（注）書　後段」には

「その所得に係る取引を記録した帳簿書類の保存がない場合には、業務に係る雑所得に該当することに留意する。

事業所得と業務に係る雑所得の区分については、判例に基づき、社会通念で判定することが原則だが、その所得に係る取引を帳簿書類に記録し、かつ、記録した帳簿書類を保存している場合には、その所得を得る活動について、一般的に、営利性、継続性、企画遂行性を有し、社会通念の判定において、事業所得に区分されることが多いと考えられる。」としています。

この通達改正は国税庁が令和4年8月に「副業の収入が300万円以下は雑所得」としたものにパブリックコメントを募ったところ1か月間で7,000件を超える意見が寄せられ、通達案に反対するパブリックコメントを受けて国税庁が修正した形です。

国税庁が通達案を出したのは、事業所得か業務に係る雑所得なのか基準を明確にするためです。会社員の副業をめぐっては、副業を赤字計上できる事業所得とし、本業の給与所得と損益通算して節税する人が多くいて国税庁は頭を痛めていたというのもあるようです。雑所得は赤字を他の所得と損益通算できません。

所得を増やそうと副業したはずなのに赤字になってしまうのでは、本末転倒ではないかと思います。

Ⅲ　15種類の所得控除

次に「所得控除」の話しをします。

「所得控除」は課税所得を求めるに当たって、所得金額から差し引くものになります。

「所得控除」は15種類ありますが、納税者及びその扶養親族の世帯構成に対する配慮、納税者の個人的事情にあわせて応能負担の実現を図る目的で設けられています。

担税力への影響を考慮するためのものとして、雑損控除及び医療費控除があります。社会政策上の要請によるものとして、社会保険料控除、小規模企業共済等掛金控除、生命保険料控除、地震保険料控除及び寄付金控除があります。また、個人的事情を考慮するためのものとして、障害者控除、寡婦控除、ひとり親控除及び勤労学生控除があります。更に、所得税法の規定の柱の「世帯構成の考慮」と同じですが、課税最低限を保障するためのものとして、配偶者控除、配偶者特別控除、扶養控除及び基礎控除があります。

医療費控除

（誤）

医療費控除は支払った医療費の一部が戻ってくるものである。

（正）

医療費控除は本人又は本人と生計を一にする配偶者その他の親族のために医療費を支払ったときに所得金額から控除される。

その年中に支払った医療費	－	保険金などで補てんされる金額	－	１０万円または総所得金額等の５％（どちらか少ない額）	＝	医療費控除額（最高200万円）

15種類もあるとなかなか大変なもので、電話相談でも多くの相談が寄せられます。特に2月16日から3月15日までの確定申告期間中、インターネットとかテレビで話題になると電話相談が多くなります。

相談が多く誤りやすい所得控除をいくつかご紹介したいと思います。

まずは、タックスアンサー2位、電話相談4位を誇る「医療費控除」です。

相談が多い分内容も多種多様です。

医療費控除は支払った医療費の一部が戻ってくるものではありません。医療保険制度の中に高額療養費制度があります。高額療養費制度とは、1か月の外来・入院費が高額になると支払った医療費の一部が戻ってくる制度ですが、これと勘違いされている方が多いようです。

医療費控除は本人又は本人と生計を一にする配偶者その他の親族のために医療費を支払ったときに所得金額から控除されるもので、納める税金が少なくなったり、納めた税金が戻ってくるものです。

勤労学生控除

（誤）

アルバイト収入（給与）１００万円の大学生の子を扶養している親は勤労学生控除を所得金額から控除できる。

（正）

勤労学生控除は、申告する本人が、学校教育法第一条に規定する学校等の学生、生徒又は児童であり、自己の勤労による給与等の合計所得金額が７５万円以下であって、かつ、自己の勤労によらない所得が１０万円以下の場合、申告する本人が所得金額から控除できる。

税金が戻る還付申告だと思ったら、所得税を納めていなかったというのはよく聞く話です。

医療費控除の計算自体は、次のようにあまり難しくないのですが、医療費控除の対象になるかどうかで相談される方が多いです。介護の関係もそうですが、新しい医療が次から次へと出てくるので常にアップデートしていかないといけません。

２つ目は「勤労学生控除」になります。

勤労学生控除は、申告する本人が、学校教育法第一条に規定する学校等の学生、生徒又は児童であり、自己の勤労による給与等の合計所得金額が75万円以下であって、かつ、自己の勤労によらない所得が10万円以下の場合、申告する本人が勤労学生控除として27万円の控除を受けられるもので、扶養している親御さんが受けられるものではありません。

大学生（年齢が19歳以上23歳未満）の子供のアルバイト収入が１００万円（所得とすると45万円）だった場合、扶養している親御さんは特定扶養親族として63万円の控除が

基礎控除

（誤）

基礎控除はだれでも４８万円控除できる。

（正）

基礎控除は

納税者本人の所得金額が	２４００万円以下	４８万円
	２４００万円超２４５０万円以下	３２万円
	２４５０万円超２５００万円以下	１６万円
	２５００万円超	０円

受けられます。

皆さんの中でもアルバイトをしている方がいると思います。要件に当てはまれば、勤労学生控除が受けられますので、覚えておいて損はないと思います。

自己の勤労によらない所得を考慮しないとして、合計所得金額75万円ということは、給与収入に直すと１３０万円ということになります。１３０万円までだったら、勤労学生控除は受けられますが、扶養親族となることができる１０３万円（所得で48万円）を超えてしまいますので、親御さんは扶養控除を受けられなくなってしまいますので気を付けてください。

忘れたころに税務署から親御さんに、子供さんに１０３万円を超える給与収入があるため扶養親族とならないとの連絡あり、所得税の計算をやり直し、所得税、加算税、延滞税を納付しなければならないこともありますので、親御さんには自分の収入をきちんと話しをしてください。

３つ目は「基礎控除」についてです。

基礎控除は、納税者本人の所得金額が2、400万円以下の場合は48万円、2、400万円超2、450万円以下の場合は32万円、2、450万円超2、500万円以下の場合は16万円控除できるものです。

所得金額が2、500万円以下に適用される控除です。

令和元年までは所得金額に関係なく、だれでも38万円控除できたのですが、平成30年の税制改正により、令和2年から所得金額が2、500万円以下の人に適用される控除になりました。

おわりに

皆さんの中でもアルバイト収入があり、確定申告をする方もいるかと思います。来年の確定申告の時にはぜひスマートフォンで申告してみてください。資料に国税庁HPに掲載されている「確定申告はスマホからがおすすめです！」を付けました。参考にしてください。

以前は確定申告書に実際に記入し申告書を作成したり、パソコンでの申告書作成を説明していたのですが、これからはスマートフォンかなと思っています。

国税庁はスマートフォンでの申告に力を入れているようです。令和4年分の申告では、マイナンバーカードの読み取り回数が3回から1回になり、青色申告決算書や収支内訳書がスマートフォンで作成可能になり、今までより便利になるようですので是非利用してみてください。

最後にちょっとだけリクルートの話しをしたいと思います。今年の税理士法改正で税理士試験の受験資格の要件が緩和されたことは、今までの講義の中で話しがあったことと思います。私からは「国税専門官試験」を受験し、国税局・税務署の職員になってから税理士を目指す方法を話したいと思います。

人事院が実施する「国税専門官採用試験」に合格し、国税局に採用され、専門官基礎研修、専科研修を修了し、一定年数勤務すると税理士科目及び会計科目が免除されるというのがあります。

税理士になる前に、国税局・税務署はどこを見ているのか、どのような考えを持っているのかを経験してから税理士になるのもいいのかなと国税ＯＢ税理士の一人として思います。

人生１００年。皆さんの前には、これから活躍される路がいくつもあります。その中に「税理士」という路もあります。職業選択肢の一つとして「税理士」を目指されてはいかがでしょうか。

本日はご清聴いただきありがとうございました。

【参考文献】

国税庁レポート２０２２
税務大学校講本所得税法（令和４年度版）
「所得税基本通達の制定について」の一部改正について（法令解釈通達）
最高裁判決昭和56年４月24日
東京地裁判決昭和48年７月18日

第5章　酒税こぼれ話

高橋宗夫

はじめに

現在の酒税法は、昭和15年の旧酒税法を、戦後の昭和28年に大幅に改正し、全部で59条からできており、一部、削除などが行われておりますが、基本条項は変わっておりません。

本日は、その中の第1章総則（第1条から第6条の4）までの、酒類の定義や種類について説明いたします。なお、4条と5条が、削除されていますので、1条・2条・3条・6条だけです。

酒税の税率については、附則で改正されており、改正の都度、税務署の酒税担当の職員（間税部門）は、販売のために所持する酒類について、一定の数量を超える酒類を所持する業者（酒類販売業者及び料理飲食店等）から、手持品に対して酒税の差額分を納税してもらっていました（手持品課税と言います）。

手持品課税は、酒税に限らず、増税・減税が行われる間接税について実施しているもので、昭和の時代では物品税が、毎年のように増税されており、現在でも、たばこ税等の値上げが実施されると行われています。

昭和から平成に改元された時に、現行の消費税導入と同時に、間接税の大部分が廃止され、残った間接税は、酒税・石油関連税（揮発油税・軽油引取税・航空機燃料税・電源開発促進税等）・印紙税等だけになりました。

この時に、それまであった、ウイスキーやブランデー、清酒特級、ワイン等の従価税も廃止され、すべて従量税（種類別・アルコール別の税率の適用）に改正されました。

ここでいう、従価税とは、酒類製造者の販売金額に対して、酒税を何%賦課するかというもので、最高で、ウイスキー特級やブランデー特級には、220%の税率が適用されておりました。

例えば、ジョニーウオーカー黒を、1本2、500円で輸入すると、その金額の220%ですから、5、500円の酒税を税関に納付し、8、000円で仕入れることとなり、小売する際には、少なくても10、000円で販売されることとなります。公務員の給料は、昭和45年頃は、2万円程度だったので、購入することができませんでしたので、課長のところに呼ばれた時に、サイドボードの中に飾ってある酒をグラスに注いで、隠れて飲んでおり、後で水を入れておけば分からないだろうと飲んでいました。あまり多くやりますと怒られるのですが、昔はおおらかでした。

平成になった時から3年が経ち税務署の間税部門が廃止され、法人課税部門の中に間接諸税担当部門が設置されました。

酒税については、酒類指導官が設置され、酒類の販売業免許等の事務に従事しております。酒類の製造関係の指導は、全国の国税局に酒税課がありますので、そこで、指導監督を行っています。

I 課税対象の酒類について

酒税が課税される酒類は、第1条「課税物件」に「酒類には、この法律により、酒税を課する」と規定されております。

酒類の定義は、「アルコール分1度以上の飲料（薄めてアルコール分1度以上の飲料とすることができるもの又は溶解してアルコール分1度以上の飲料とすることができる粉末状のものを含む。）をいう」であります。

言い換えますと、「アルコール分が1度以上の飲料となるもの」のすべてが酒類ということになります。

ここでいうアルコールは、メチルとエチルの2種類あり、飲用できるのはエチルアルコール（エタノール）です。物理を学んだ方は分かると思いますが、元素記号の炭素の数が1個のものがメチルアルコールで、2個がエチルアルコールです。誤ってメチルアルコールを飲用すると失明します。コップで1杯ほど飲用すると死亡します。

つい最近のニュースで、旦那さんが奥さんに、焼酎とメタノールを混ぜて飲ませたら、翌日に死亡して、警察に逮捕されたとのことです。

なぜ間違えて飲んでしまうかというと、メチルとエチルは、味が同じで酔うことができるからなのです。

粉末酒については、愛知県の伊藤食品工業㈱が、酒類をセルロース（でんぷん）で包み込み、サラサラの粉末状に加工する技術を持っており、全世界で1社だけの特許を取得したことから、急遽、酒税法に追加されたものです（定義の、かっこ書きのところに記載されております）。

この商品を国税局の鑑定官室の方に見せたら、水で溶いたら酒になるとのことで、急遽税法に追加されたものです。

ただし、粉末酒の用途は、洋菓子の原料となるもので、洋酒を液体のまま製菓原料として使用すると、アルコールや風味が飛んでしまって洋菓子がおいしく出来ないので、粉末酒を小麦粉等に加えて製造するために、開発したものだと聞いております。

個人的な意見ではありますが、粉末だと軽いし、登山等に行った際に、中腹で一休みした時に、岩から染み出た湧き水でウイスキーやブランデー等を造って飲むと、疲れが吹っ飛びそうな気がします。また、夜テントの中で、清酒を造ってみんなでワイワイするのもいいものかと思われます。

酒税法上、酒類に該当するのですが、酒類でないものがあります。一般的には、酒類と思われている「養命酒」ですが、薬局で販売するものは、薬用の表示があり、酒類でないものとされております。また、風邪薬（液体のもの）にも、アルコール（無水アルコール）が1％以上含まれているものがあります。この風邪薬には、「車を運転する際には、服用しないで下さい」との注意書きがありますので、よく見て下さい。

逆に、使用するのが料理を作るときの「みりん」については、そのままでは飲料としないと思われますが、「飲料ではないのでは？」との質問に、税務大学校の本科に、熊本から来ていた者が、自信をもって説明していました。「九州では、正月にお屠蘇にして、みりんを飲むので、飲料だ」とのことでした。九州でお屠蘇を飲む慣習が無ければ、酒税が課税されないのにと、ひんしゅくをかっておりました。

「お屠蘇」は、みりんと清酒を混ぜて熱燗にして、「屠蘇散」を浸し、年が明けてから、年齢の若い順に同じ盃で飲むもので、一般的にお父さんが清酒を正月に飲むのとはちょっと違います。

更に、焼酎やブランデーに、梅・苺・夏みかん等の果実を漬け込み製造する果実酒も酒類ではないものとされておりますが、自己の飲用に供するものだけですので、飲食店や八百屋さんで、あらかじめ造って販売すると酒税法の密造（リキュールの密造）に当たりますので注意してください。

飲用の直前に混ぜるものも、酒税法の適用除外となります。カクテルや酎ハイが該当します。これも、あらかじめ造ると密造となりますので製造免許が必要となりますので、注意が必要です。したがって、酒造メーカーで販売している缶酎ハイ、梅酒等は、酒税が課税されております。

飲食店で、自己が製造した甘酒と焼酎のキンミヤを客の求めに応じ、混ぜて「どぶろく」として出すのは全く問題になりません。なお、前日から混ぜておき、それをグラスに注いで出すと、酒税法違反となります。

甘酒は、スーパーで米麹を買ってきて、余ったご飯と水を加え、60度にして一晩置くとできますので、暇があったら作ってみてください。

酒類は、発泡性酒類、醸造酒類、蒸留酒類及び混成酒類の4種類に分類されております。

（1）発泡性酒類は、ビール、発泡酒、11度未満の発泡性を有する酒類等の酒をいいます。アルコール度数を11度で切っているのは、醸造酒類の中に、ガスを有するものがあるためです。ワイン（果実酒）では、シャンパン等のガス入りのものや、清酒では、活性清酒でガス入りの清酒があるからです。清酒の酵母が生きていますと、瓶の中で糖分を発酵させて、アルコールと炭酸ガスを発生させます。瓶の栓を取るときに静かに行わないと、吹き出してしまいます。ご注意ください。

（2）醸造酒類は、清酒、果実酒、その他の酒類で、主に、穀物を糖化しアルコールを発酵させたものや果実を搾汁し発酵させたものです。

アルコール発酵には、単発酵（もともと、原料に糖が入っているものを発酵させるもの）の果実酒と、単行発酵（炭水化物を含むものを糖化させ、アルコール発酵を行うもの）の焼酎やビール、ウイスキーのように、麹や麦芽の糖化酵素の力により糖化したものをアルコールにするものと、並行複発酵（炭水化物を、麹が糖化し、酵母がアルコール発酵するもので、糖化と発酵が平行して行われる）の清酒などがあります。ただし、清酒も20度を超えると酵母が死滅し、糖化のみとなります。南米の方で、アルコールを燃料にして車を走らせている国があります。是非、清酒の技術を導入したいとの話もありました。

（3）蒸留酒は、焼酎・ウイスキー・ブランデー・原料用アルコール・スピリッツ等で、アルコールを含んだ、もろみを蒸留して製造したものです。

焼酎には、単式蒸留（乙類）と連続式蒸留（甲類）の2種類があります。

焼酎同士を混ぜた場合、表示には、多い焼酎を前に記載することとなっています。

甲乙混和は、甲類焼酎が多く、乙甲混和は乙類焼酎が多く入っております。通常は、甲乙混和で、甲類の焼酎に、風味を付けるために乙類の芋や麦の香りの焼酎を混和します。

スピリッツは、幅が広くエキス分が2度未満の蒸留酒であり、皆さんが聞いたことがあるバーボン・ウオッカ・ジン・テキーラ等があります。

（4）混成酒類は、上記の酒類を基本として、何かを混ぜて製造するもので、合成清酒、甘味果実酒、みりん、リキュール、粉末酒、雑酒等です。

合成清酒とは、戦後、米が不足して、清酒があまり造れなかった時に、清酒を増量するために考え出されたものです。3倍増醸酒と、ほぼ同じですが、製造の原料米の使用割合が、若干違います。

粉末酒は、飲む前に水を加えるので、混成酒類となります。

甘味果実酒は、サントリーで当初発売した「赤玉ポート（スイート）ワイン」が主たるもので、果実酒に砂糖を加えて、甘くしたものです。当初製造した果実酒は、肉等を主食として食べる慣習が日本に無かったため、まったく売れず、甘くして販売したため出来上がったと先輩が言っていました。ニッカのアップルワインも同じで、リンゴは、糖度が足りないので、糖類を添加して出来上がっています。

II 酒類の種類について

酒税法の第3条に、用語の定義があります。

①アルコール分

温度15度の時において100㎖中のエチルアルコールの容量をいう。

アルコールには、エチルアルコールとメチルアルコールがあり、メチルアルコールは、飲用すると失明する恐れがあるので飲まないで下さい。

メは、アルコールの元素記号の「炭素」の数が、1個のものをいい、エは、2個の元素記号のものを言います。メタノール、エタノールと言うこともあります。

メチルアルコールとは、どんなものかというと、小中学校で使用している、アルコールランプの燃料が、メチルアルコールです。別名、木精アルコールと言います。

元素記号の数を数える単位で、1個のものを「メ」、2個のものを「エ」と呼びます。アルコールに似たもので、石油のガスで、メタン・エタンがあり、同様に、炭素の数が1個と2個の違いです。数が増えると、「ブ」「プロ」、ブタン・プロパンがあります。これはいずれも、炭素の数を表しています。

くれぐれも、メチルアルコールを飲まないようにして下さい。戦後のどさくさの時代に、酒類がなく、燃料用アルコールを薄めて、酒として販売した者がおり、相当数の失明者が出たとの話を、先輩から聞いたことがあります。

② エキス分

温度15度の時において１００立方センチメートル中に含有する不揮発性成分のグラム数をいう。エキス分の酒税法上の必要性は、スピリッツとリキュールの区分で使用するもので、分岐点は、2度（2%）となっております。スピリッツは、2度未満で、リキュールは、2度以上です。

③ 発泡性酒類

イ　ビール
ロ　発泡酒
ハ　その他の発泡酒「イ・ロ以外で発泡性を有するもの・アルコール分が11度未満のもの」

④醸造酒類
イ　清酒
ロ　果実酒
ハ　その他の醸造酒

⑤蒸留酒類
イ　連続式蒸留焼酎
ロ　単式蒸留焼酎
ハ　ウイスキー
ニ　ブランデー
ホ　原料用アルコール
ヘ　スピリッツ

⑥混成酒類
イ　合成清酒
ロ　みりん

ハ　甘味果実酒
ニ　リキュール
ホ　粉末酒
ヘ　雑酒

（次に掲げるものは、酒類の説明になります）

⑦　清酒
⑧　合成清酒
⑨　連続式蒸留焼酎
⑩　単式蒸留焼酎
⑪　みりん
⑫　ビール
⑬　果実酒
⑭　甘味果実酒
⑮　ウイスキー
⑯　ブランデー
⑰　原料用アルコール
⑱　発泡酒

⑲その他の醸造酒
⑳スピリッツ
㉑リキュール
㉒粉末酒
㉓雑酒

Ⅲ　清酒について

清酒とは、米、米こうじ及び水を原料として発酵させて、こしたもの。

ここで一番重要なものは、最後に記載している「濾す」という行為です。「こす」行為がないと、清酒で無くなるので「どぶろく」（雑酒）となります。

国税庁では、何とか清酒として取り扱うために、醪の上の奇麗な上ずみをすくう行為や、竹で編んだ「ざる」を醪に沈め、染み出たものを取り出すことも、「こす」行為としております。

麹と酵母の違いは、「麹」が包丁みたいなもので、長く繋がったでんぷん（炭水化物）を短い糖質に切断し、同時に、乳酸菌（黄麹菌）やクエン酸（黒麹菌、白麹菌）も発生させます。乳酸菌やクエン酸が増えますと、腐敗菌の増殖を抑え、醪が腐敗しなくなり、炭水化物を糖質に変えていきます。清酒は、黄麹菌を使い乳酸菌を発生させます。焼酎の場合は、黒麹菌、白麹菌を使いクエン酸を発生させております。

「酵母」は、出来上がった糖質を分解してアルコールと炭酸ガスにするものです。

「米」は、うるち米、もち米、タイ米等があるが、いずれの米も使用可能です。

酒造好適米として有名なものは、山田錦・雄町・五百万石・愛山等があるが、これらは、ジャポニカ米のうるち米であり、粒が大きく、特に「しんぱく」(芯白)、米の中心にでんぷん質が多いものが酒造好適米と言われております。

米は、田植えの際は3本ずつ植えていきます。稲の特性として、株が分割していき、最終的に50本位になり、1粒から、1,500粒~2,000粒が取れるといわれております。

したがって、お酒に興味のある人は、田んぼを歩いていて、粒が大きく突然変異し、酒造好適米に適しているような米を見つけたら、穂先をポケットにいれて、翌年からそれを田植えすると3年ぐらいで、大量の米を生産することができます。

東北でも、その土地の風土に合った酒造好適米が作られております。

精米歩合とは、米を削ってゆき、40%削ったものが、精米歩合60と表示され、使用している米が、原料の米の6割ですという意味です。60%未満の場合に、清酒のラベルに、「吟醸」と表示することできます。50%未満の場合に、「大吟醸」と表示できます。

更に、清酒製造中に、原料用アルコール等を添加しないと、「純米」と表示できることとなっています。

吟醸、大吟醸は、雑味が少なくすごく飲みやすいです。原料の米を削るので、製造数量が少なくなり、値段は高くなりますが、できれば最初に飲む日本酒は、吟醸か、大吟醸を飲んでみてください。そうすると、日本酒は飲めない、嫌いということが少なくなると思われます。

私が税務署に勤務していた時に、若い職員に「日本酒は大丈夫か。飲めますか？」と聞くと「日本酒はだめです。カクテルとビールです」と返答されました。良く聞くと、20歳を超えた頃に、ゼミの後で、飲み放題のところで日本酒をガバガバと飲まされるので、クーデターや具合が悪くなり、翌日から日本酒は、嫌いだとなったそうです。

その職員に大吟醸を飲ませると「日本酒って、こんなにおいしかったのですか！」と感心されます。日本酒嫌いを直すのにも苦労しました。

「大吟醸」のみの表示の場合には、アルコールを添加していますが、これは、精米歩合が低くなると、米の糖分がすべてアルコールとなり、糖の少ない辛い清酒になるので、発酵中に酵母の発酵活動を止めるためにアルコールを添加して清酒にうまみ等を残すために添加しているものであり、酒を増量するために添加されたものではありません。20度を超えると、酵母が死滅し、アルコール発酵が行われなくなります。

清酒をこした後に火入れしていないと、「生酒」と表示できます。

「無濾過」の表示のある場合は、もろみをこした後に炭（炭素）を入れないので、出来上がった酒に若干色が付いておりますが、風味やうまみも残っており好んでいる方がおります。

「生一本」とは、清酒の製造したタンクに、他のタンクから酒類を加えていない場合に表示できます。飲食店でビールを頼むときに、「生、一本（一杯）」（なまいっぽん）と頼みますが、清酒の場合「生一本」（きいっぽん）ありますかと言ってください。

「酒母」とは、清酒の最初に仕込まれるもので、生酛系と速醸系があります。

生酛は、米、米麹、水を仕込んで、米麹の作用で、乳酸菌が発生するのを待ちます。その際に、仕込んだ酒母を桶に取り出し、山卸し（手作業ですり潰すこと）を行って、糊状にして乳酸菌を増加させて、酵母以外の雑菌の増殖を抑え、酵母が活発に活動するのを待ちます。

その酒母に、蒸米、水を加え、発酵させ、再度、蒸米、水を加えます。これでもろみが完成です。

生酛系の山廃とは、山卸しを廃止して、米麹と水で、水麹を造って、乳酸菌を発生させ、蒸米を入れて、酒母とします。

米麹の乳酸発酵を待って酒を造るので、雑菌の風味が酒に残るので、捨てがたい味になるという者もおります。

速醸系は、酒母を仕込んだ際に清酒用の乳酸菌を加えることで、雑菌の増殖を抑え、酵母の発酵を促す方法です。ほとんどの清酒メーカーで、この方法で清酒造りを行っております。

Ⅳ　焼酎について

日本の各地でも、米焼酎・麦焼酎・芋焼酎・黒糖焼酎等穀物を発酵させ、アルコールを抽出し、焼酎として飲んでいます。

沖縄では、琉球泡盛を造っています。原料は、タイ米（インディカ米）に、黒麹菌を用いて発酵させ、単式蒸留したものです。沖縄県だけが、黒麹菌とタイ米（大東米）を使って製造しているもので、ラベルに「琉球泡盛」と表示されております。

戦前の黒麹菌は、終戦近くにアメリカ軍の火炎放射器により、酒のメーカーが全て燃やされ、更に、１００年焼酎を保管していた亀甲のお墓（沖縄周辺の風習）の中まで燃やされて、黒麹菌が全滅したと思われておりましたが、新潟大学の先生が、焼酎の製造工場が焼け落ちる前に採取し、真空保存していたので、戦後50年ほどたった平成10年頃に保存先の新潟大学から、麹の採取先であった瑞泉酒造に返還され、現在も、戦前の黒麹菌で焼酎が造られ、百年古酒（まだ、40年古酒です）等が造られています。

１００年古酒とは、お子さんが生まれるとお爺さんやお父さんが、44度の焼酎を甕に入れて、格好のお墓の中に保存しておくそうです。お子さんが17歳から18歳ごろに、結婚した時に、お祝いに来た方に飲ませるそうです。たまたま、結婚しない時にはどうするのかと聞いたら、亡くなった時に飲むために保存しておくそうです。沖縄の方は、長寿の方が多く、１００歳以上になるので、１００年焼酎が誕生するそうです。

奄美群島の喜界島では、特産のサトウキビから抽出した糖化液から、焼酎を造っていますが、サトウキビから焼酎を造るとスピリッツのラム酒になります。これは、地場産業の保護の観点から、日本では奄美群島だけ、焼酎として取り扱っています。他の地域で製造すると、スピリッツとなります。

泡盛や黒糖焼酎は、アルコール発酵中に新たな原料を追加せず、一回の仕込みです。業界用語で、どんぶり醸造を行っております。

九州では、主に、サツマイモを原料に、黒麹菌が突然変異した白麹菌を用いて芋焼酎を造っています。

３Mと言われている、森伊蔵・村尾・魔王等が有名です。

鹿児島の離島、長島町では島の焼酎の製造者5社が、サツマイモを原料にして各々製造した焼酎を、ブレンドして販売するため、長島研譲㈲を設立し、共通のブランドで日本全国に「さつま島美人」として味や不純物を取り除いて販売しています。芋くささも取れて、すっきりとした芋焼酎です。（きれいな味なので、どこに出しても良いというので、島美人としたとのことです）

九州地区内では、「島乙女」として販売していますが、乙女のため、芋の香りが若干残っているようです。

長島町内の酒販店や飲食店では、「島娘」が販売されております。まだ娘のため、芋くさく、味も粗削りです。主に、島民が飲むために出荷していますが、噂では、島の外に持ち出すのが禁止されているようです。これを飲むために、島まで渡る方もいるそうです。（長島町内限定販売とされております）

長崎県の壱岐の島では、芋が取れず、麦しか取れないので、麦焼酎を造っております。

秋田県の湯沢では、清酒製造業者が、米から「ブラックストーン」という、米焼酎を製造し販売したところ、当時の国税局長が飲んでおいしいとのお墨付きもあり、販売店に在庫が無くなるほど売れたそうです。

特殊な焼酎として「青酎」があります。場所は、東京都の伊豆諸島ですが、青ヶ島という人口150名前後の島民が暮らす島です。島の半分は火口跡であり、せいぜいサツマイモぐらいしかできません。また、民家の近くも、水もなく、米ができず麦しかできません。

どのようにして焼酎を造るのかというと、この麦をアメリカに野球で渡り活躍している大谷選手とは関係しないが、島に生えている南洋植物「オオタニワタリ」の葉の裏についている野生酵母を用い、麦麹を造って、サツマイモと一緒に発酵させ焼酎を造っています。

沖縄の泡盛に似ていると、大学の小池先生がおっしゃっておりましたが、青酎もどんぶり醸造であり、同様の造り方から味が似ているものだと思われます。

青ヶ島には港がなく、島民の船は、漁から帰ると島にクレーンで揚げるのだそうです。

本土から島に行くのも大変ですが、行ったら、1週間は、戻りの船がないそうです。

国税庁も考えた末に、酒類を安定的に供給ができないので、島民の出資による合資会社を設立し、青ヶ島酒造合資会社に特例で、青ヶ島の全部（住所が青ヶ島無番地）を製造場とする、焼酎の製造免許を与えたそうです。製造免許の場所が青ヶ島無番地。要するに、住所がない。青ヶ島全部が製造場で、島民全員が合資会社なので製造免許を持っているという訳です。

青ヶ島では、戦前から焼酎は造られておりましたが、たまにNHKの取材で取り上げられていただけで、表立って、密造だから取り締まれとの指令は出ませんでした。（島に行く方法がないのと、行っても、島の住民の協力がないと戻れなくなる）

本来は、漁に出て戻ってきたお父さんのために、お母さんが造っていたようですが、美味しいものができたら自分で飲むそうです。本土で売っているのは、うまくないということではありませんが、出荷するのも大変なことです。

もし販売されていたら、飲んでみてください。

V　ビールについて

ビールは、麦芽、ホップ、水を原料として発酵させたものです。

ビールの製造者は、当初、大日本麦酒と麒麟麦酒の2社でしたが、財閥解体で、大日本麦酒が、サッポロ麦酒と朝日麦酒に分割させられました。その後、朝日麦酒は、北海道朝日麦酒を分社化しました。また、沖縄は、長い間、米国の管理下にあったので、オリオンビールができました。後発組で、サントリー麦酒もできました。

サントリー麦酒は、松田聖子を使ったCMが、ペンギンのキャラクターで、わびしい歌で若者受けを狙ったところ、主婦の方から、未成年が清涼飲料と同じ感覚で飲んでしまうので、販売とCMを自粛してくださいとのことで、あまり販売は伸びなかったと思われます。その後、「すごい男の唄」という、サントリー麦酒の歌があり、カラオケにもはいっています。「〜ビールを回せ〜」と大声で歌っていますが。これがサントリー麦酒の歌です。

ビールは、清酒のように麹を使いません。麦芽には、炭水化物を糖化する酵素が入っており、甘いものができます。これを煮詰めると、縁日で売られている「水飴」ができます。麦芽を水と一緒にして煮詰め麦汁とし、ホップ、ビール酵母を加え発酵させるとビールができます。

ホップは、雌雄異株で受粉すると、苦みが無くなるので、雄株は全て取り除かれ、雌株の未成熟の葡萄状の実を乾燥させせて使用します。

「ビール瓶の説明」

ビールの大びんは、小学生6年・中学生3年・高校生3年の後、大学に入って、最初に口にするのがビールなので、633㎖となっていますが、法律改正で成人の年齢が18歳となっても酒は、二十歳を過ぎてからですので、蓋のギザギザを21個付けて、縛りをかけております。

このように説明すると本当のように聞こえますが、実は、ビールの大びんの容量をいくらにするか、製造者の大瓶の容量を測ったところ、633㎖が1番多かったため、そうなりました。ちなみに、小瓶は、３３４㎖で同じ理由です。

大びんの容量が、一定でないと酒税を計算するのが面倒であり、一定量を定めれば、出荷本数で酒税の計算が簡単にできることとなるために定めたものです。

ビールの税率は、１kℓ当たり２２０、０００円です。１ℓ当たり２２０円で５００㎖では、１１０円とすると覚えやすいと思われます。


「キリンビールとその他のビール会社の瓶の説明」

ビール瓶の規格については、容器容量法で定められており、瓶の高さや形状が定められております。先程の説明で、戦前のビール製造者が2者だったので、瓶も2種類あります。

なで肩がキリンビールで、それ以外が肩の張ったビール瓶です。

いずれも容器容量法に定められた物で、瓶の下の方に正に○で囲んだ表示があります。

キリンビールには、絵柄に「キリン」の表示が隠れています。

サッポロビールのエビスビールには、約４００本に1本、鯛を2匹持った恵比寿様のラベルとなっております。（缶ビールも、一部販売されております）

大瓶の容器が一定ですので、ビールの製造工場では最終段階で、大瓶がベルトコンベアーで流れてくるのを、オレンジ色の蛍光灯の前で瞬きもせずに、一定量が入っているか、ごみが混入していないか、瓶に欠けやヒビが入っていないか等を見て検査しています。

30分が限度で、交代するそうです。

Ⅵ　ウイスキーについて

ウイスキーは、麦芽を原料として発酵させ、単式蒸留で蒸留したものです（モルト）。麦芽を水に混ぜる前に、北海道の余市では、泥炭で燻蒸し、香り付けを行います。仙台のニッカ工場は、燻蒸しないので香りがあまりないようです。蒸留する際には、いずれの工場でも醪を銅で作ったスチールポット（首の長い管を通して）でウイスキーを製造します。その後、楢の樽に入れて、長期間貯蔵します。短いもので３年、長いものは、10年から55年位貯蔵します。

製造したウイスキーを、３年から15年ぐらい販売できませんので、資金的に余裕がないとウイスキーの製造業者になれません。日本では、サントリーとニッカが大手であり、地方に小規模業者が数社あるだけです。

サントリーの55年物が８､５００万円で落札されたとのニュースがありました。飲めるのかなーと疑問に思います。１㎖で12万円位ですから、舐めることすらできないように思います。

同じ様に、もろみを製造して連続式蒸留器で蒸留し、樽で貯蔵したものを、昔、グレンウイスキーとしておりましたが、平成になってスピリッツに変更となりました。

グレンウイスキーとして樽に貯蔵していたのが、出荷の段階でスピリッツになってしまい大変なことになってしまいました。

日本のウイスキーは、モルトとグレンをブレンドして製造しておりますので、製品について混乱しなかったようです。

一時的に、グレンだけのサントリーレッドの表示をウイスキーとすることができなくなり、その後モルトをブレンドして、ウイスキーとしているようです。

ウイスキーもブレンドした場合、多く入れた方を先に表示するそうです。サントリーでは、モルトが多いので、モルトグレーンとなっており、ジンビームは、グレンが多いので、グレンモルトとなっております。飲む機会があったら、確認して下さい。

Ⅶ　スピリッツについて

麦芽や米以外にも、トウモロコシ、サボテン等からアルコール含有物を製造し、酒類として飲用しています。酒類のエキス分が2％未満のものを、スピリッツとしています。トウモロコシを原料としたものを、バーボンとしています。また、何も取れないメキシコでも、サボテンの汁からテキーラを造って飲んでいます。

テキーラは、100年に一度花が咲く、リュウゼツラン（竜舌蘭）のアガベという、サボテンの樹液から造っており、テキーラの名称を使えるものは、原料にアガベを51％以上使用したものです。100年に1度花が咲くといわれておりましたが、前回の東京オリンピックの時の庭に植えたリュウゼツランが65年で17株の花が日本全国の場所で咲き、ニュースに取り上げられておりました。異常気象の為と思われます。

ウオッカは、アルコールを白樺の炭でこしたもので、ジンは、松系の炭でこしたものです。アブサンは、漫画家、水島新司先生の「あぶさん」に出てくる、酒好きの景浦安武選手（アブサン）でも有名ですが、酒のアブサンは、度数が高く、香りもきついので飲まない方が良いと思います。（翌日、緑色のおしっこが出ると聞いております）

Ⅷ　果実について

果実とは、多年生の植物の実をいい、一年生の植物の実は、野菜とされています。

したがって、葡萄やリンゴ、桃などの果実は、酒税法上の果実酒となりますが、苺、スイカ、トマト、パイナップル等の甘い果実は、野菜ですので、発酵させ、酒類を造っても果実酒の表示ができません。果実ではなく、果菜と業界では言っています。

また、果実酒の原料となる果実は、採取後、変化を加えてはいけません。

フランスの一部の地方で製造される、「貴腐ワイン」は、葡萄に、貴腐菌というカビが付着し、葡萄の皮を侵食し、自然に水分が蒸発し、干しブドウの状態の葡萄を絞って、果実酒を造ったものです。

この説明を聞いて、「干しブドウで造るか、搾汁から水分を抜いて造れば、同じものができる」と考えられますが、果実を加工してはだめなので、果実酒の名称を使えません。

おわりに

日本とか世界に、地元やその国でしか飲めない酒類があります。人類の欲望として、どうしても酒が飲みたいと紀元前の時代から言われていたようです。世界の文明の発達と同じように、食糧とされた穀物から酒も造られているようです。

造り方もいろいろありまして、エジプトでは麦を原料にビールのような酒を造って飲んでいるようです。造り方は、パンを口の中でかみ砕いて出すと甘くなるんです。それをつぼに入れて発酵させるとビール状のものなります。文献とか何かを見ると、そのようにして飲んでいるみたいです。ただ、いろいろ条件がありまして、未婚の女性が造ったものだけしか駄目だとかっていろいろ基準があるようです。

インカ帝国っていうのは、トウモロコシが主食でした。今はもうないですけれども、トウモロコシ酒、これも同じように口で砕いたりして発酵させて、どぶろく状のものを造って飲んでいました。あとはこれを、蒸留したものを造っていました。インカ帝国の文明が滅びたっていうのは、約700倍にしかならないトウモロコシを主食にしていたもので、人口が増えるとどうしても食糧がなくなるので、隣の村へ押し入ってトウモロコシを奪い取るために、お互いに殺し合って、亡くなったのがインカ帝国ということになります。

どこの本にも書いていないですけれども、要は、文明と同じなのです。食糧がなくなるとみんな駄目になります。エジプトがあんまり発達しないっていうのは、川の水が少なくなり、もう小麦がほとんど取れないのです。今のところ調子いいのは、お米の国とアメリカみたいな広大な土地があるところで、穀物がいっぱい取れるところは今のところ発展しているようです。

メキシコでは、さっき言ったサボテンからテキーラ造っていますが、やっぱりどうしても酒を飲みたいんで、何とかならないかということでいろいろ考えたようです。

テキーラを造るときに、日本での言い伝えでは、１００年に1回しか花が咲かないので無理なのですが、砂漠みたいなところにいっぱいあるので、その汁を搾って発酵させ、蒸留しテキーラを造っているようです。

次に、清酒です。清酒っていうのは日本に2万種類あるようです。二十歳から定年の60歳まで、毎日1本1種類飲むと、約1万5、０００種類、本当は1万4、６００種類ですが、飲めるそうです。ただ、60歳を過ぎたら残りの5、０００種類をちびちび飲めば20年ぐらいで飲み切れるのですが、そんなに毎日酒ばっかり飲んじゃ駄目なので、できれば先輩に、「どの酒がおいしいですか」と聞いて、おいしい酒を飲んだほうがよろしいと思います。

青森県に、焼酎の原料で、ナガイモ（トロロイモ）を原料とした焼酎があるそうです。アルコール35度のものがありますが、まだ味わったことがありません。将来皆さんが青森に行って、35度のナガイモ焼酎ないですかと聞いてみてください。その時、25度はあるようですが、35度はほとんどないので、もし見つけたら飲んでみてください。

この後は、酒税にまつわる雑感です。

ここからは、面白いのですが、日本の主婦の方は真面目ですから、「二十歳未満の人は、酒を飲んじゃ駄目だ」と言っております。ただ、本当のことを言うと、童謡に夕焼け小焼けという歌がありました。その3番に「姐やは、15で嫁行った」と歌っているんです。15歳で嫁に行ったので、その時に、二々九度で日本酒を飲んでいるのです。それを全く主婦の方が理解していなくて、「二十歳になんない人は酒飲んじゃ駄目」と、それしか言っていないんですけど、その人もちゃんと、三々九度は15歳でも多分やると思います。神様の前で、みんなの見ているところで、酒を飲んでいますが、誰も注意しません。

酒の一番きついところです。飲酒しちゃ駄目だって言いながら、どうしても神仏と仏教界では、教義の中に酒を飲んじゃ駄目だよって言っているのですが、それでも三々九度で酒を使うので、その場合は、神教の場合は「お神酒」って言っているのです。酒ではないのだよと。これは「お神酒」と言っているので、酒じゃないということで多分飲んでもよろしいかと思います。仏教の場合は、仏前式っていう場合もやっぱり三々九度をやります。その場合は「般若湯」と言います。

米で造ったのが般若湯で、泡の出るのを泡般若、芋焼酎のことを芋般若ということで、酒とか焼酎との言葉を全然使いません。

それで、未成年が結婚したら成人とみなすと民法で規定されております。未成年者の飲酒のところでは、二十歳以下は飲んじゃ駄目ってなっている。どっちが有効かっていうと、多分、特別法が優先するので、未成年者の飲酒喫煙に関する法のほうが有効なんで、二十歳未満の人は飲んじゃ駄目だとなっていますが、多分、民法を制定した人は、後ろめたいところがあって、どうしても三々九度するときに飲んじゃうんで、この一文が付け加えられたのだと思っております。

一部の神社で、お正月等にどぶろくを造って飲ませる神社があります。これは臨時の酒税法の免許を与えており、造ってもいいっていうことになっております。ただ、造ったものについては酒税を納めてくださいということです。

宮城県に鹽竈神社があります。そこで、一森山っていう銘柄のお酒があります。これは売っているわけじゃなくて、初詣で、日本酒を2本持っていくと1本返してくれるそうです。ただ、最近行っていないのでよく分からないんですが、もし戴けるのであれば戴いて飲んでみてください。

酒税で一番難しいのは、1条、2条、3条までで、酒の種類が全部入っているので酒類をしっかり覚えてください。

4条、5条がなくて、6条に出荷したときに酒税を納めてくださいとなっています。

エビスビールは、製造しているのは渋谷区恵比寿で、本社があるところです。ただ、出荷する門が、道路を隔てた、目黒区になるものですから、酒税自体は目黒税務署のほうに年間何百億って昔納めていました。昔というのは、現在は、すでに船橋のほうに工場が移ったもので、酒税を納めているのは船橋税務署となります。

それと、缶ビールって難しいのが、これ製缶工場を酒造工場の中に造ることができないので、隣接してビールの缶の工場を設けております。何でかというと、この缶が出来上がったのを運ぶ際には、傷つかないように運ぶのが面倒なものですから、枠の中に全部蓋外して入れて、それを運んだら空気を運んでいるのと同じですから、それよりも、ビール工場の隣に造って、ベルトコンベヤーで工場に運び入れて、容量を量ったほうがというか、ビールを詰めたほうが早いっていうことです。ちなみに、缶ビールは封入後の最後は、目で見ても見えないものですから、重さで量っております。空の容器の重量を量って、中身の入った重量を測って、何ミリリッター入っているっていうところで計算しています。一個一個開けて中身入っているかというのを見ることできないので、そうなります。一時はレントゲンを使うかっていう話もあったのですが、そんなに金かけていられないとのことでした。

蛇足ですが、ビール大瓶には、5円の空瓶保証金っていうのを皆さんが買ったときに払っています。5円です。そして、5円の空瓶保証金っていうのは、ほかの税法ですけれども、消費税は保証金ですので掛っておりません。ただ、5円に対して1割で50銭なので、切り捨てられます。

何で50銭なんかで、問題になるのと疑問に思う方がいますが、これ、例えば1億本を出荷した場合、5円の1億ですから5億円の1割で5、000万円の消費税を納めなくて済むって計算になります。これ一般の人は全く分からないのです。買ったときは円未満を切り捨てるのでゼロ円なんですけれども、メーカーとしては5、000万の消費税を納めなくていいってなるとすごく助かります。ただ、あんまり宣伝すると、国税局はメーカーに加担しているのかって言われるので、あんまり大きくは宣伝しておりません。ちなみに、一升瓶の場合は空瓶保証金が10円だと思います。10円なので1円ずつ切り捨てられている計算になります。

ウイスキーの話ですが、どうしても高いウイスキーが見たいっていう人は、作並温泉のところに岩松旅館っていうのがあります。その岩松旅館の待合室の奥のほうにニッカウヰスキーのザ・ウイスキーが展示されており、多分1、800万って定価がついています。「これ売り物ですか」って言ったら、「いや、見本です」ってことで、売っているわけではないのですが、1本で、1、800万のウイスキーって、あれで家1軒建つくらいの価値ですから、55年物のようですが、私も飲むわけいかないんで、見るだけの話です。

あと、先ほど言った養命酒ですけれども、養命酒は2種類販売していまして、酒屋さんで売っているのが酒なのです。薬局で売っているのは薬ってなっています。ちなみに、薬局で聞いてみてください。「これ酒ですか」って言うと「いや、酒じゃないです」と言われます。「じゃあ未成年の方飲んでもいいのですか」って言ったら「駄目です」って言うんです。

売っている人も分かっていて、酒だって分かっていて酒じゃないって売っているみたいなので、すごく不思議なお酒です。ちなみに、養命酒の本社は渋谷区にあります。

昔、渋谷税務署に勤めていたものですから、何でそこに酒屋があるのかなって聞いたらどっかで造らせて持ってきているということです。

沖縄にオリオンビールっていうのがありますが、75ビールと78ビールっていう缶ビールを出しています。要は、名護ビールと那覇ビールを数字で表したものです。オリオンビールの味は、麦芽がちょっと多いのです。昔飲んだ記憶では、大手メーカーと比べると、麦芽の味が強く感じられました。ただ、値段的には、日本のビールよりも1本あたり10円ぐらい安いと思います。新婚旅行で行ったときは、ちゃんとそこで飲みました。

あと、最後のお願いですけれども本日受講した方や友達が結婚する際には、ヱビスビールを探して、ぜひ、ひな壇の高砂の新郎新婦の間に飾ってください。

どうしても見つからない場合には、小池先生のところに置いていきますので、借りてください。(飲むわけでは無いので、中に水を入れておけば分からない)

本日の受講者の1人でも、酒税に興味を持ってください。税理士試験の科目になっておりますので、飲食しながら覚えてください。

第6章　外国の人たちのための税理士の役割

白田祐一

はじめに

皆さんこんにちは。税理士の白田祐一と申します。外国の人たちのための税理士の役割を本日の講義でお話しさせていただきます。

まず、私の自己紹介をさせていただきます。山形出身で山形大学の人文学部経済学科に在籍しておりました。その当時ほとんど大学に行っておらず単位が足りなかった為留年し、同期が卒業した3月の半年後の9月に卒業いたしました。もう残っているのは公務員試験しかなく、公務員試験を受けて、その後国税専門官という財務省所管の公務員として採用されました。これは国家2種の資格に相当します。仙台国税局と東京の国税局で税務調査を担当して、公務員を経験してきました。15年勤務しまして、その間に仙台や山形の税務署または大手町に当時あった東京国税局で大規模法人の税務調査を従事しておりました。

東京から仙台に帰ってきた際に、仙台中税務署にある国際税務専門官という部門で、主に東北の外国人向けの税務調査と海外取引のある法人と外資系の法人の税務調査をしてきました。公務員は転勤が多く家族と一緒に移動していたということもあったので退職し、その後聞いたことがあるかも分かりませんけれども、税理士法人トーマツの東京事務所でM＆Aの担当の部署を経験しまして、その後税理士を取得しました。

公務員を途中で辞めたので、税法の科目は免除になっているのですが、会計科目が足りなかったので、社会人入試ということで東北学院大学の大学院の経営学研究科にて税理士試験の会計科目を1科目取得という形です。その後、税理士資格を取得し、２０１４年に開業しまして、２０１９年5月から税理士法人松田パートナーズ会計というところの会計事務所の仙台事務所長として従事して、現在に至っているという状況です。

本日の中身なのですが、大まかに4つに分かれています。1つ目では「国際税務の概要」ということで、どんなことが国際税務として問題になっているかという点について話したいと思います。２つ目としまして「個人編」、今日のテーマは外国の人たちのための税理士の役割ということで、外国の人たちということなので、基本的に外国人の方なのかなと思って、個人編としています。

３つ目は「法人編」です。主に海外取引を行う法人が直面する税務の問題点について話したいと思っています。

大きく考えて外資系の法人とか、海外に進出している日本法人とかということを考えれば、この法人編ということで、外国税額控除から始まって、移転価格税制というテーマで、皆さんお聞きになったことはあるのかもしれないですけれども、こういったところが国際税務の問題点になるというか、課題のところです。

一番最後は「税理士の使命」として述べていますけれども、一番メインとしましては、この2番目の個人編での外国の人たちのためということなので、基本的に外国の方が日本にいらっしゃって、どのような国際税務の問題がありますかというところをメインに今日はお話ししていければと思っております。

I 国際税務の概要

では、1つ目です。まず、国際税務の概要というところで、ここに4つ挙げさせてもらいました。

①としまして、個人の海外投資、企業の海外投資の増加、アウトバウンドです。日本から海外への資金の流出とか、企業の進出とかいうところで問題になってくるのは、それぞれ国の税法や税率が違いますから、日本から海外へ進出して税負担を免れているのではないかという問題が一つ、アウトバウンドに関してはあります。

②としましてはインバウンド取引です。これは海外の方が日本にいらっしゃって、海外のものを輸入する際に、どのような問題が出るのかということです。結局は、短期間で例えば日本に来ている方がいらっしゃるのであれば、もともと母国の居住者、住んでいる居住者なのですけれども、日本で例えばビジネスをしたいという際に、何かそれぞれの国で課税を受

けるという二重課税があるのですが二重課税が行われているための何か施策はしてあるのでしょうかというところが②です。

③としましては、税源浸食と利益移転ということで、ＢＥＰＳです。皆様聞かれたことがあるかもしれませんけれども、大きなところで言いますと、ＧＡＦＡですね。Google、Amazon、Facebook、Apple、これがそれぞれの国の税率の低いところを狙って進出していって、世界的に税金を少なくしているのではないかと以前から言われていたのですけれども、これに対してＯＥＣＤでこれは問題ではないかという形になりまして、ＯＥＣＤで世界的にそういった租税逃れを回避しましょうという形で行動計画が示されています。これがＢＥＰＳプロジェクトというものです。日本もそれには参加しており、昨年日本も協力しますよという形で意思表明をしたということになっています。

④としましては、そういった状況を踏まえて、日本の税金を徴収する国税庁におきましては、それぞれ各国連携して情報の共有とか、そういうところを進めていきましょうという点です。国税庁のホームページをご覧いただければ分かりやすいのですが、こういう形で国際課税の取り組みをしていますという形で情報提供がされているという状況になります。こういった形で、外的環境としまして、日本を取り巻く環境が変わってきているというところです。

日本におきまして法律的に言いますと、日本国憲法の30条が納税の義務なのですが、84条に関しましては、租税法律主義と言いまして、改めて租税に関する法律に基づいて施行・運用をしていくと日本国憲法で謳っています。ですが、それぞれの国でそれぞれの憲法がありますので、国によって考え方が異なります。そうすると、先ほど話しましたように、例えば外国の方が日本にいらっしゃって、日本でビジネスをしたという際には、それぞれの国で課税主体、課税ですよというときに二重課税が出ます。後でもちょっと話をしますけれども、そのときに二重課税を調整しましょうというものが、租税条約というものです。

これも後で租税条約のところで主に使われる具体例をお話ししますけれども、租税条約が二国間での二重課税を排除しますという目的で設置されているという形です。条約なので、世界的に言えば国際法なので、憲法より優先してしまうのですね、法律上の地位として。なので、日本国憲法なり税法で決められていても、租税条約があるのであれば、条約を優先で適用しますよという形になります。

II 個人編

早速2つ目、個人編を見ていきます。まずは居住者、非居住者と課税所得の範囲ということです。日本でいいますと、属地主義といいまして、一定の住所、または一定の期間の居所を有する者に対しては、その国籍を問わず、所得の源泉がどこの国にあっても納税義務者とするということです。日本で居住者と言われる方は、どの国で獲得した所得であっても、その居住地国で課税していきますということです。

アメリカやフィリピンは、属地主義に対して属人主義といいまして、自国の国籍を有する者は、居住の場所いかんにかかわらず、原則として全て自国の納税義務者とします。シンガポール、ニュージーランド、香港、ここでは一定の所得が発生する源泉を有する者は、居住の事実及び国籍のいかんを問わず、その所得発生地の納税義務者とします。

よく税金をごまかすために、シンガポールとか香港に会社をつくりますというスキームがあるのですが、これは例えばシンガポールや香港に移住するとか、会社をつくって、そこで発生させた税金は、例えばほかの外国で発生したとしても、シンガポールや香港での課税を受けないという、税金、税法の抜け道を使っているスキームなのですけれども、そういった形で例えば香港に住んでいる方は、日本での利益があったとしても、香港の居住者は日本の利益を申告する必要がないとか、そこの法律上の抜け道を使って、税金を少なくしましょうという形の、大きく言えば、先ほどのＧＡＦＡはこんな形で使っているわけです。こういう形で考え方がそれぞれ分かれています。

まずは、個人の場合で言いましても、個人の方が居住者なのか、非居住者なのかといったところが結構大事な区分けになってきます。まず、居住者とは何なのか、非居住者とは何なのか、なのですけれども、まず居住者というのは永住者と非永住者に分かれます。その前に、非居住者は居住者以外の個人を言います。居住者は永住者と非永住者に分かれまして、永住者というのは日本に住所があって、１年以上居所を有する個人のうち、非永住者以外の人です。非永住者というのは、日本に住所はあるのだけれども、１年以上住んでいて、かつ日本国籍がなくて、10年以内に5年間以下、日本にいますという人です。それ以外は永住者、居住者でない人は非居住者、この区分に応じてそれぞれの人がどれだけ、どこまでの部分を日本に申告しなければいけないかが決まってきます。

住所につきましても推定規定というのがあり、その人が1年以上、居所、居住することを通常必要とする職業にある場合には、国外ですね、非居住者に該当します。来日している外国人の方については、1年以上居住することを通常必要とする職業を有する場合は居住者に該当します。この1年以上、居住者の中でも1年以上居所を有しますかというところが大事になってきます。そのときに、この表が結構大事で、課税所得の範囲です。先ほど2つの区分で居住者なのか、非居住者なのか、後で話しますけれども、国内源泉所得、国外源泉所得といいまして、獲得した所得がどっちに該当するのか、その人が居住者なのか、非居住者なのかに応じて、課税なのか、非課税なのか、この表に当てはめて決まってきます。先ほどやりました国内源泉所得なのか、国外源泉所得なのかというところです。

1つ例を挙げていきますけれども、例えば日本法人の社員がアメリカ法人に転籍しました。アメリカ法人で勤務しています。給与は、もともとの日本法人で在籍したところで、日本の家族に支払われていますというケースなのですけれども、この場合は日本から見れば、その従業員はアメリカで勤務しているので国外源泉所得です。社員の場合はどこで勤務したかによって、どこで発生した所得かという判定をしますので、この方はアメリカで勤務しているので、日本から見れば、日本の国外源泉所得です。

外国の方が、例えばアメリカが本社で日本に支社があって、そこに出向してきました。外国の方が日本法人の下で、日本で勤務しました。だけれども、単身赴任で来ているので、アメリカ法人から現地の家族に給与が支給されていますという場合は、日本から見れば、この外国人の方は日本で勤務しているので、日本から見れば国内源泉所得ですという形も勤務地で判断します。

特殊な例として、役員の場合はまたちょっと違ってきます。役員の場合、例えば日本法人の役員が国外で勤務しました。だけれども、国外で勤務しているので、先ほどのケースで言えば、従業員であれば、国外で勤務しているのであれば、国外源泉所得なのですけれども、日本法人の役員というのは日本法人のために勤務している、働いていると判断されるので、どこで勤務しようとも、日本法人のために働いているということで、日本側から見れば国内源泉所得という形になります。これが従業員と違うケースです。

例えば、先ほどの来日している外国人の方が、非居住者に該当して国内で勤務している、国内源泉所得に該当する場合、支払う金額の20・42%を税金天引きしてお支払いします。20・42%は日本に納めてくださいという形です。これは毎月日本の社員の方が、毎月お給料から税金を引かれる仕組みと一緒です。率が違うだけです。20・42%ということなので、ちょっと高めですので、ちょっと多く納めてもらって、もし還付の必要があるのであれば、そこは日本に申告していってくださいね、とりあえず引きますよという話です。ちょっと多めにあらかじめ納めてもらうという感覚です。

例題としましては、A国海外法人の日本支店に従業員3人が勤務します。給与は全て海外の本社から支給されています。日本に赴任後に支給されるお給料に係る課税方法はどうなるでしょうかと。今お話しした例から分かるかと思うのですけれども、従業員Aは半年間の予定で日本支店勤務、従業員Bは2年間の予定で日本支店勤務、従業員Cは2年間の予定で日本支店初勤務だけれども、A国内で不動産の賃貸収入があります。それは、賃貸収入は日本に送ってきていませんという形です。回答します。まず、従業員A、B、CがA国の海外本社から日本にいらっしゃって、Cに関しては居住者、2年の予定なので、居住者です。国内源泉所得です。不動産収入は非課税です。これは、非永住者だけれども国外源泉所得で国外払いで国内送金なしにしたかったのです。なので、居住者なのですけれども、A国では海外の不動産の収入は国外源泉所得で、これを日本に送ったら課税なのですけれども、日本に送ってきていないので非課税という形です。日本では非課税です。多分向こうのA国では非居住者になって、A国は非居住者だけれども、A国ではA国内の不動産収入なのでA国内では申告がおそらく必要なんです。なので、二重課税にはならないという形ですね。

従業員Aに関しては非居住者、半年の予定なので非居住者です。国内勤務なので国内源泉所得、従業員Bについても、2年の予定なので居住者、日本勤務なので国内源泉所得という形です。答えはこんな形です。Aは非居住者で課税、Bが居住者で課税、Cが居住者で課税で不動産所得は非課税ですね。

あとは、日本の方が出国するときの手続きです。海外の出張などで海外に転勤になった際に、日本の方は海外に出るときには、出るときまでの確定申告、年末調整をしてもらいます。出国まで日本で獲得した所得を年末調整、もしくは確定申告によって精算して出ていってくださいという形です。あとはどうしても日本で海外に勤務するのだけれども、日本で貸家があるとか、貸しマンションがあるとか、よくあるのが、海外勤務になる方が、日本で住んでいた自分のマンションを誰かに貸していくというケースがあるのですけれども、そのときには日本での申告も必要なので、納税管理人という形で、代わって申告してくれる方を指定していきます。これは親子であっても、知り合いであっても構わないですけれども、この方を納税管理人として指定していってくださいという形です。

次は、先ほど言いましたように、租税条約で二重課税を排除していますという話はしました。具体例があるのですけれども、まず先ほどの課税所得の範囲とほぼ変わっていません。課税の方法が申告するのかという形なのですけれども、ここで租税条約ではＯＥＣＤモデルというのがあります。やっぱり世界的な枠組みの中では、アメリカとヨーロッパが二大勢力なわけで、ヨーロッパについてはＯＥＣＤモデルというもので、租税条約をＯＥＣＤの中でモデル条約としてつくっています。これに基づいて、例えばＥＵなどの各国が租税条約をつくっている形になります。日本もこれに乗っ取る形で先ほどのＢＥＰＳとありましたけれども、世界的に租税逃れに対応していきましょうという流れです。その中で、今日覚えていただきたい単語としましては、ＰＥとあります。ＰＥというのはよく海外税務でよく使う単語なのですが、Permanent Establishment、恒久的施設ということです。条約でも必ず出てきますし、日本の課税を考えるときにもPEはもう無いのかというような話があります。PEというのは恒久的施設なのですが、例えば外国から日本にいらっしゃった方が日本でビジネスをします。日本に事務所があるのか、ないのかがすごく大事で、この事務所がPEということで判定の1つになります。PEがあるのか、ないのか。

おもしろい例としましては、ここ何年か前まで、シルク・ドゥ・ソレイユとか、私前職のときにちょうどそのぐらいで、日本で半年ぐらい興行するのです、シルク・ドゥ・ソレイユ、サーカスみたいな。そのときに、日本で申告していないケースがあったのです。半年以上日本にいない方法を選択して、日本で申告していかないという形で、私東京にいたときに、東京国税局でシルク・ドゥ・ソレイユに課税したのです。PEはないです。事務所がないので、シルク・ドゥ・ソレイユで。日本でサーカスの興行をして、収益だけ稼いで出ちゃうという形で、いかがなものかということで課税したケースがあります。それ以降は実際みんな課税になっていると思います。一時期のAmazonとかもそうで、Amazonも何年か前までは日本に税金を納めてなかったのですね。今はもう幕張にセンターがあるので、PEがあると見なされ、申告はしているはずです。同じような形でAppleとかも、どこかアイルランドの税率の低いところに会社をつくって、そこで事業を行うという形で、税金逃れということを大企業ではやっていました。そのときにPEがあるのか、ないのかというのが問題になります。PEがあれば、原則的に課税です。その国の課税になります。この考え方が日本では帰属主義、PEに帰属する所得があれば、その国に課税しますよという形に変わってきて

<table>
<tr><td rowspan="3">非居住者の区分
所得の種類</td><td colspan="4">非居住者</td><td>（参考）
外国法人</td></tr>
<tr><td colspan="2">恒久的施設を有する者</td><td rowspan="2">恒久的施設を有しない者</td><td colspan="2" rowspan="2">所得税の源泉徴収</td></tr>
<tr><td>恒久的施設帰属所得</td><td>その他の所得</td></tr>
<tr><td>（事業所得）</td><td rowspan="3">【総合課税】</td><td colspan="2">【課税対象外】</td><td>無</td><td>無</td></tr>
<tr><td>①資産の運用・保有により生ずる所得（⑦から⑮に該当するものを除く。）</td><td colspan="2" rowspan="2">【総合課税（一部）】</td><td>無</td><td>無</td></tr>
<tr><td>②資産の譲渡により生ずる所得</td><td>無</td><td>無</td></tr>
<tr><td>③組合契約事業利益の配分</td><td rowspan="13">【源泉徴収の上、総合課税】</td><td colspan="2">【課税対象外】</td><td>20%</td><td>20%</td></tr>
<tr><td>④土地等の譲渡による所得</td><td colspan="2" rowspan="3">【源泉徴収の上、総合課税】</td><td>10%</td><td>10%</td></tr>
<tr><td>⑤人的役務提供事業の所得</td><td>20%</td><td>20%</td></tr>
<tr><td>⑥不動産の賃貸料等</td><td>20%</td><td>20%</td></tr>
<tr><td>⑦利子等</td><td colspan="2" rowspan="9">【源泉分離課税】</td><td>15%</td><td>15%</td></tr>
<tr><td>⑧配当等</td><td>20%</td><td>20%</td></tr>
<tr><td>⑨貸付金利子</td><td>20%</td><td>20%</td></tr>
<tr><td>⑩使用料等</td><td>20%</td><td>20%</td></tr>
<tr><td>⑪給与その他人的役務の提供に対する報酬、公的年金等、退職手当等</td><td>20%</td><td>—</td></tr>
<tr><td>⑫事業の広告宣伝のための賞金</td><td>20%</td><td>20%</td></tr>
<tr><td>⑬生命保険契約に基づく年金等</td><td>20%</td><td>20%</td></tr>
<tr><td>⑭定期積金の給付補塡金等</td><td>15%</td><td>15%</td></tr>
<tr><td>⑮匿名組合契約等に基づく利益の分配</td><td>20%</td><td>20%</td></tr>
<tr><td>⑯その他の国内源泉所得</td><td>【総合課税】</td><td colspan="2">【総合課税】</td><td>無</td><td>無</td></tr>
</table>

出所：国税庁HP。

います。

これは国税庁で作っている表なのですけれども、基本的に左側の列が所得の種類をそれぞれで分けています。海外の方が日本に来て、このぐらいの所得の種類があるようだと。そのときに、非居住者なんだけれども、PEですね、恒久的施設が日本にあるのか、ないのかということで、課税の方法が全く変わってきます。例えば一番上です。所得の種類が、事業所得、普通日本に来て事業していています。でも、非居住者ですぐ戻ります。恒久的施設を有しない者のときは日本で課税できないのです。源泉徴収もしなくてよくて、でも⑤人的役務提供事業、日本に来て何かサービス業をやっています。サービス業をやっているのであれば、非居住者であっても、総合課税と書いてありますけれども、確定申告していってください。だけれども、所得税の源泉徴収があると思うのですけれども、20％天引きするので、その精算するために日本で申告していってくださいという流れです。これは各国データがあって、各国やはり税金というと、その国の税収なわけで、なるべく多く取りたいのが各国の思惑としてあるので、課税権のせめぎ合いなのですよね。なので、日本にそんなにいなくても、取りあえず税金は20％引きますと。それで文句があるのだったら、確定申告していってくださいという流れです。各国同じような形です。

あとは、ただ租税条約というのを結んでいますので、そこで二重課税の排除ということを考えていますので、それぞれの国が課税するというよりは、ここは免除しましょうとか、ここは税率を下げましょうとか、そういう取り決めが条約上、結ばれています。その国によって様々です。日本で言えば、2022年12月現在、151か国と日本が租税条約を結んでいます。何かの機会があれば、見ていただくと、それぞれ国によって率が違ったりします。

私ども税理士でも、実際外国の方が日本にいらっしゃって、こういう所得があるのだけれどもというときには、まず日本の税法ではどんな取扱いなのか、居住者か、非居住者か。あとは、国内源泉所得か、国外源泉所得かを判断しますけれども、最終的にはその方がどこの国の方かというのが大事で、結局は日本の税法よりも租税条約のほうが優先してしまいますので、租税条約のほうが税率が低かった、低い取り決めになって、大体租税条約で軽減されますという話になります。

その中で、条約の1つとして短期滞在者免税というのがあります。よく聞くのが、半年いなければいいのだという話があるのですけれども、これがこの例です。短期滞在者免税です。例えばこれは、日本の親会社の社員が中国の子会社に3か月間出張で行きました。よくある話です。給与は日本の家族に払っています。その分、中国での子会社の支給は無しで、中国国内に勤務しているので、中国の税法も中国で言えば国内源泉所得なのです。だけれども、3か月の出張なので、183日、いわゆる年間の半分いないので、中国では免除されます。これが日中の租税条約、日中租税協定なのですけれども、これでお互い免除しましょうと日本と中国で取り決められています。同じようなのが各国で決められています。

よくある話として、私は東北税理士会の国際特別委員会に在籍していまして、毎月仙台の国際センターで外国人の方の税務相談をやっているのですけれども、ちゃんと通訳の方に入っていただいて、その時によくある質問なのです。外国人の方が日本で働いた場合、例えば東北大学とか、留学している学生がコンビニでバイトしました。今申告要りますかという相談がよくあります。先ほどの話だと、留学生なので、1年以上超えているのが前提で来ているので、日本においては居住者です。日本のコンビニでバイトしているので国内源泉所得ですというと、通常課税申告なのですけれども、この場合、同じような形で日中租税協定では、専ら教育を受けるため日本に滞在する学生が、生計、教育のために受け取る給付、給与は免税という形になっています。なので、生計、教育のために受け取るかどうかは、ちょっと定かではないですけれども、生活するためにコンビニでバイトしましたというのは、日中の租税条約上は免税です。なので、条約のほうが日本の税法より優先してしまうので、申告しなくていい、学生は何もしなくていいという取扱いです。

あと、最近問題になってきているのが、外国人労働者で、日本は人手不足になっていまして、技能実習生という形で日本にいらっしゃる方が相当増えてきています。基本的に技能実習生で日本にいらっしゃった方というのは、最近始まりました高度技能の方以外は家族と一緒に来ることが認められていないのです。その時には1年以上の条件で来ていますので、日本においては居住者になりますので、お給料をもらった場合は年末調整という形で扶養控除します。そのときによくある話が、インドとか、バングラデシュとかからいらっしゃっている方で、扶養が十数人いるとか、大家族が多いので、家族が10人以上いますとか、全部扶養控除してくださいというケースがあります。日本ではあまり考えられないですけれども、そのときに本当か、嘘かというのは分からないのです。なので、どういう方であなたが現地にどのぐらいお金を送っているのという書類を給与の支払者に提出することになりました。27年に決まったのですけれども、そういったケースが多過ぎて、本当に扶養しているのという状況になりました。なので、今現在、毎年年末調整で扶養の方がたくさんいる場合には、どれだけのお金を送っているのという形の資料を提出することになっています。これも再来年にはなくなるのかもしれないです。

今までは個人編という形で、主に日本にいらっしゃった外国人の方、及び個人の方で海外に勤務する、出張する方のケースについて話してきました。今日のテーマとすると、これで外国の人たちのための税理士の役割ということで、こういうことを国際税務という部分では、外国の方の話を聞いて、日本での課税の有無とか必要の可否、申告の可否とかを判断してアドバイスをしているという形になります。

Ⅲ　法人編

次に、参考までになのですけれども、今度は法人編ですね。ざっとおさらい、聞いたことがあるかもしれません、皆さん。外国税額控除というものがあって、これは法人の話なのですけれども、ここで言いますと、日本の本社の所得が100ありますと。A国に支店があって、そこの税率は20%です。A国支店の所得は50なのですけれども、日本では海外に支店があっても、日本で全世界の支店分を合算して申告しなければならないのです、なので、A国の50を足して、150に日本の税率30%としますと、45納めてもらう、これが日本の法人税法です。でも、A国では税率20%で、先ほどと同じように、A国で勤務した従業員と一緒で、A国内での支店で獲得した所得50はA国で申告していってねというのが基本的なことです。なので、A国での50に対して20%、10をA国でA国支店は納めています。なので、そうするとこの50に対して二重課税の状態になってきます。A国でも日本でも課税される。解消するために、外国税額控除が適用になります。

日本本社の税金45から、A国で払った10を引いて35、これで日本で申告してくださいという形です。これが外国税額控除、外国で払った税額を日本で控除しますという形です。

同じような形で、源泉徴収についてもあります。例えばこれで言いますと、これは親子関係ではないのですけれども、日本のP社がA国から使用料300万円を得ます。このときは源泉徴収が10%引かれて、P社はA国に30を納めている状態です。差し引かれているので。だけれども、P社は法人税のときには使用料300万円というので、300に対する30%、90を日本で納めています。A国では30引かれて、日本でも300足して課税されていると。これは二重課税の状態です。なので、これも外国税額控除の適用で、P社が納めている90からA国で引かれた30を差し引いて、日本で60の税金で申告しています。外国税額控除の1つです。

あと、法人編としてもう1個あるのが、外国子会社配当益金不算入制度というのがあります。これは、日本の親会社がA国の子会社から配当を受け取ったと。よくあるケースです。結局A国ではS社の利益1、000に対して法人税200払って、残った800を親会社に配当として還元しています。すると、日本の親会社は受取配当金ということで益金算入なのです、会計上、基本的には。なので、日本の親会社はA国からの800を収入に入れて申告します。ということは、A国では配当前の利益に課税を受けて、残ったお金を日本に送ったんだけれども、それも日本で課税されるという形で、A国と日本で二重に払っているのではないのかという話です。なので、一定の要件を基にもらった800のうち95%までを収入に入れなくていいですよという仕組みです。これによって二重課税を排除しますという形で益金不算入制度といいます。

後は、タックス・ヘイブン対策です。これは聞いたことあるかと思いますけれども、先ほど話をしましたように、バージンアイランド、香港やシンガポールなどに一時来て、税金の低いところに会社をつくって、税金の負担を減らしましょうというものです。これはある要件に該当しますと、税率とかですね、該当しますと、例えばA国、税率の低い国に子会社をつくって、そのときの所得を、タックス・ヘイブン対策税制を適用すれば、日本の親会社は日本の利益に、総所得に海外のタックス・ヘイブンの国での収益、所得を合算しなければなりません。これは日本で申告してくださいという流れです。最近ニュースで出ましたけれども、ちょっと前からパナマ文書とか、パラダイス文書とか、アイルランドで法人つくって税逃れをしているという形で問題になりましたけれども、こういう形で大企業というのは、監査担当に専門の弁護士がついていて、世界中の税法をくまなく見て回っていて、どうすれば税金を少なくできるかという提案をやっぱり大企業は受けているらしくて、それはもう弁護士事務所の商売になっています。そういう形で法律の抜け穴を見つけて企業に提案するという流れになっています。先ほど話しましたように、BEPSプロジェクトで世界的な税逃れを防いでいきましょうという流れに、今世界中がなっているという状況です。

あと、移転価格税制も聞いたことがあるかもしれません。移転価格税制というのは、例えばこのケースです。日本にA社があって、シンガポールにA'社があります。これは同じグループと考えたときに、A社は100で仕入れて、通常であれば、180で物を売る取引を、グループ会社であるA'社に120で売ります。A'社は、本来180で買うものを、日本の関連グループ会社から120で買って、200で売っていますという取引です。これで、移転価格税制というのは、例えばグループ内で本来ケース2の180で売るべき物を、グループ会社が120で売ってしまっているということです。A社は利益が20、A'は120で買って200で売るので利益が80となります。本来は、ケース2のように同じ100の利益なのですけれども、日本では80、シンガポールでは20の利益が妥当なのではないのという取引を見つけて課税するというやり方です。

結果的に、日本で納める税金が、シンガポールの税率20%の低いところでのグループ会社と取引をすることによって、ケース2であるべき利益や税金が、ケース1の税金に下げられてしまっています。日本での課税が24下がっている、税金ですね。これを見つけ出して課税をしましょうというものです。

結局ここで問題になってくるのは、先ほどあった2のケースですね。通常、第三者への価格、Arm's Length Priceというのですが、このALPが180が妥当なのだというところを国税などで認定しなければならないです。これができた最初の頃に問題になったのは、コカ・コーラです。コカ・コーラがシロップの製法をフランチャイズである日本法人にアメリカのコカ・コーラが全く教えず、とても高い金額で買わされていたのです。それでは利益の配分がおかしいのではないかというのが一番最初かもしれません。その後、ケンタッキーのパウダーなどが問題になったのです。コカ・コーラのときは、たしかArm's Length Priceを、ペプシの製法と比較したと聞いています。ペプシでこれだけの価格で売っているのだから、コカ・コーラはこれだけの価格でしょうという国税側の認定をした記憶があります。という形で、第三者の価格を算定するのが難しいというところですね。

ただ、これも国税側のほうで課税すれば二重課税で、シンガポールにつけれた利益を日本に持ってきて課税するので二重課税になってしまうのです。そのときに、シンガポール政府に対して、日本で課税したので、二重課税になっている部分はシンガポールの法人に返してくださいということがあります。相互協議というのですけれども、これによって二重課税を排除していますという流れです。

おわりに

税理士の使命としまして、税理士法の中で第1条に税理士は税務に関する専門家として、独立した公正な立場において、申告納税制度の理念に沿って納税義務者の信頼に応え、租税に関する法令に規定された納税事務の適正な実現を図ることを使命とすると謳われています。こういう形で私のところでは日本と外国人の方、外国法人、外資系法人の日本での課税方法について、お客さんからの相談を受けて開拓しているというような形で、通常の日常業務、プラス・アルファで仙台でやっていますというところです。

以上になります。何か参考になればと思います。ありがとうございました。

第7章　法人税法トピックス

込堂敦盛

はじめに

こんにちは。日高見税理士法人で税理士をしている込堂敦盛といいます。

今、小池先生から紹介していただきましたが、僕は15歳から25歳までダンスをやっていました。僕のダンスの能力や考え方では、将来食べていくことは難しいと考え、仙台に帰って来て税理士試験の勉強を行い、今に至ります。当時は、就職氷河期と呼ばれていた時代でもあり、就職活動は行いませんでした。

I　全体像

今日は、法人成りについて僕が普段実務で行っていることをご説明させていただきます。

学生の皆さんからすると少し難しく感じてしまうと思いますが、できるだけ分かりやすく説明させてもらいますので、おつき合い下さい。

五つの項目に分けて説明させていただきます。

第一に、法人成りとはどういうものか。

第二に、個人事業と法人の違いについて。

第三に、法人成りのメリットについて。

第四に、法人成りのシミュレーション。法人成りのシミュレーションについては、個人の顧問先からご相談を受けたときに、当法人で行っている事を説明いたします。

第五に、一般社団法人への法人成り。非営利型の条件に合致した法人の場合、法人税は発生しなくなります。これに該当するような顧問先の場合には、こちらの提案を行います。

法人成りは、所得税・消費税・法人税といった複数の税目が絡むため、会計事務所等で勤務経験がないと難しいと思いますが、少し頑張って聞いて下さい。

II 法人成りとは

法人成りとは、既に事業を行っている個人事業主が、個人の資産・負債を法人に引継ぎ、法人組織として事業を行っていくことをいいます。法人成りを行う際に、個人から引継ぐ資産負債は任意となります。

法人とは、法律上の概念であり、自然人の他に、法律上の権利義務の主体となることを認められたものとなります。具体的には、一般社団法人、一般財団法人、株式会社、学校法人、

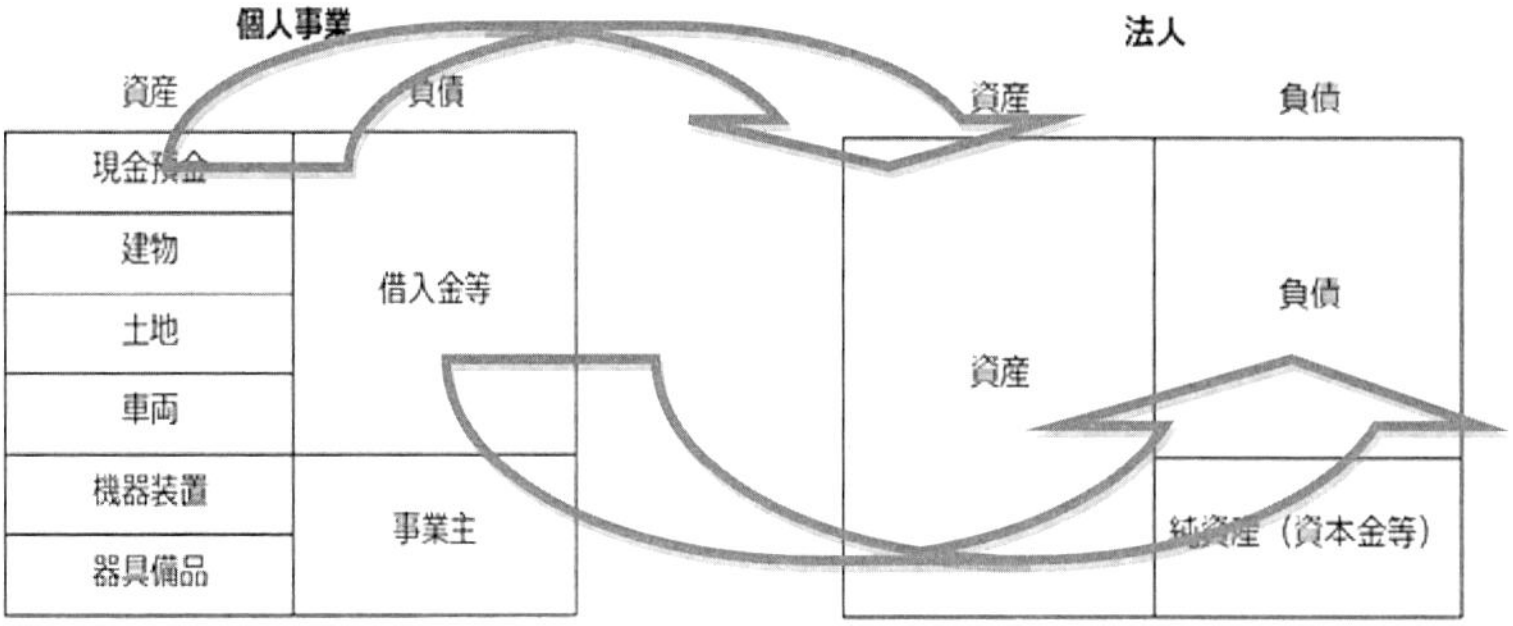

宗教法人、管理組合法人などがあります。ここ東北学院大学は、学校法人に該当しています。

Ⅲ　個人事業と法人の違いについて

第一に、資本金の違いがあります。個人事業では不要ですが、法人では必要となります（株式会社）。資本金とは、株主から過去に出してもらったお金のことを言います。例えばトヨタ自動車の2023年3月末時点で資本金は6,354億円でした（トヨタ自動車HPより）。これは、株主が、6,354億円のお金を出してトヨタ自動車を応援していることを意味します。個人事業主には資本金制度がありませんので、株主から資金を得ることは出来ません。したがって、法人は個人と比較した場合、必然的に財務基盤が安定してくることとなります。

次は定款になります。定款には、会社の一般的なルールが定められています。個人事業主は、そのようなルールを定める必要はありません。事業運営を行っていくう

内容	個人事業主	法人
資本金	不要	必要
定款	不要	必要
登記	不要	必要
代表者住所	非公開	公開
決算月	12月末	任意
確定申告	3月15日（消費税3/31）	決算日より2か月以内
赤字の繰越	3年間	10年（中小法人等）

えで、最低限のルールが法人では必要となります。

続いて、登記になります。学生の皆様も土地、建物についての登記であれば見た経験があるかもしれませんが、法人の登記を見ることは、まずないと思います。法人には、登記を行う義務があり、その登記は誰でも入手し、確認することが可能です。登記には、本店所在地、資本金、代表者氏名、代表者の住所等の記載があります。登記事項を確認することで、最低限ではありますが、相手の情報を入手することが可能となります。登記は、取引を行う双方にとって、一定のリスクを担保する機能を備えています。偽装等をしない前提ですが、通常の人であれば法人の住所、代表者の住所を常に公開している状態で、おかしな行為は行えないと思います。

次は、決算月についてです。個人事業主の確定申告期限は、3月15日であり、その期間は1月〜12月の1年間となります。これは、例外なく、すべての個人事業主が同一の期間で計算を行っております。対して、法人は任意となります。決算月で一番多いのは、4月〜3月の1

年間で3月決算と呼ばれるものです。学校なども4月から新学期がはじまり、3月に卒業式を行っているところが大半だと思いますが、これと同様となります。

最後は、損失の繰越しについてです。この業界で仕事をしていなければ、損失の繰越についいては、ほとんど意識することは無いと思います。個人の場合、損失の繰越しは3年間、法人の場合は10年間になります。これは、前年度赤字が発生した場合、翌期以降の利益からその赤字の金額を控除出来るという制度です。具体的には前期500万円の赤字、当期800万円の黒字の場合、前年の赤字を差引いた300万円に税金がかかるという制度になります。(当期の黒字800万円－前期の赤字500万円)

Ⅳ　就職活動

個人と法人の違いで代表的なものを説明させていただきましたが、ここで、皆さんに質問させてください。ここにいる皆さんは大学3、4年生だと聞いています。皆さんは、就職活動の時期だと思いますが、この中に個人事業の会社の面接を受けた方はいますか、いれば挙手して下さい。見たところ、手は上がっていないようです。法人成りの一番のメリットはまさに今の状況にあると思います。「信用力の向上」「信用力の確保」です。これは、個人事業が悪いと言っているのではなく、無意識のうちに、社会が法人を信じているのです。

次からは税金の話をしていきます。

所得税額速算表

課税される所得金額	税率	控除額
1,000円から1,949,000まで	5%	0
1,950,000円から3,299,000円まで	10%	97,500
3,300,000円から6,949,000円まで	20%	427,500
6,950,000円から8,999,000円まで	23%	636,000
9,000,000円から17,999,000円まで	33%	1,536,000
18,000,000円から39,999,000円まで	40%	2,796,000
40,000,000円以上	45%	4,796,000

V　法人成りした場合の税金に関するメリット

1　所得税率

所得税は、累進課税制度が採用されており、所得が大きければ大きいほど税率が高くなります。累進課税というと難しいですが、所得の多い人にたくさん税金を課すということです。表の一番下の課税所得が4、000万円以上になると所得税率は、45％になります。個人の負担分としては、住民税もプラスされるので、所得税45％プラス住民税10％となり、4、000万円以上の部分には55％の所得税と住民税が課せられます。

法人税の実効税率は約30％であるため、利益が出る事業主にとっては、個人として税金を納めるよりも法人として納税した方が税負担は減少することとなります。

給与等の収入金額	給与所得控除額
1,625,000円まで	550,000円
1,625,001円から1,800,000円まで	収入金額×40%－100,000円
1,800,001円から3,600,000円まで	収入金額×30%+80,000円
3,600,001円から6,600,000円まで	収入金額×20%+440,000円
6,600,001円から8,500,000円まで	収入金額×10%+1,100,000円
8,500,001円以上	1,950,000円（上限）

２　給与所得控除

給与所得控除も会計事務所等で働かなければ、なかなか聞きなれないものになります。給与所得控除は、給与から一定金額を控除する制度となります。例えば、表を参考にすると、１６２万５、０００円稼いだ人は、税金を計算する前に給与収入の１６２万５、０００円から55万円を控除して給与所得の金額を算出します。アルバイトを行っている学生さんや給与を貰っているサラリーマンにとっては、収入金額すべてに税金が課せられることなく、一定金額を控除してくれる制度のため、ありがたいものとなっています。

次の項目でもご説明しますが、個人事業主の場合、自分に対して給与の支払いを行うことが出来ないため、この制度により税負担を抑えることが出来ません。

個人事業

内容	給与	賞与	退職金
事業主	×	×	×
青色事業専従者	○	○	×
生計別家族従業員	○	○	○

法人

内容	給与	賞与	退職金
役員	○	△	○
生計一家族従業員	○	○	○
生計別家族従業員	○	○	○

出所：小谷羊太『法人成り・個人成の実務』清文社，2022年，41−43頁。

・退職所得

（退職金 － 退職所得控除）× 1/2

勤続年数（＝A）	退職所得控除額
20年以下	40万円×A
20年超	800万円+70万円×（A−20年）

3　退職金

まず、個人事業の図から説明していきます。

事業主、これは法人で言うところの社長になります。個人事業主の場合、自身に対して給与、賞与、退職金を支払うということが出来ません。言い換えると、支払ったとしてもこれらを経費にすることが出来ません。

また、青色事業専従者や生計別の家族従業員に対して支払った給与、賞与は経費にすることが出来ますが、青色事業専従者に対して支払った退職金は経費とすることが出来ません。

法人の場合は、役員に対して賞与を支給するときに一定の手続きが必要にはなりますが、基本的に退職金も含め、すべての支払いが経費となります。

退職金をピックアップした理由は、ほかの給与・賞与とは違い、受給したときの税負担が極めて少ない制度だからです。退職金は慰労の意味も込めて控除がとても厚くなっています。

実際に退職していただかなくてはなりませんが、実務においては、会社の清算等の場合も含め、よく活用される制度の一つとなっています。

Ⅵ　シミュレーション

法人成りするときには2つシミュレーション（概算）を行います。

1　法人成り後のシミュレーションになります。

一つ目のシミュレーションを図で説明していきます。

・個人事業主（現状）の税金

ここでは、売上が50，000千円、費用が30，000千円、利益が20，000千円の個人事業主を例として税金のシミュレーションを行いました。利益から、青色申告控除の650千円（一定の要件を満たした場合）国民健康保険（国民年金は所得によって変更しないため、今回は所得計算に含めない）、基礎控除の480千円を差引いて課税所得を算定。ここに対する所得税が4，410千円、住民税が1，800千円、事業税が855千円、消費税が2，000千円の合計で9，065千円。

・法人成りした場合の税金

この比較シミュレーションを行う場合には、利益のすべてを役員またはその家族に役員報

（単位：千円）

		売上金額	所得金額（青色申告控除後）	課税所得金額	所得税	住民税	事業税	法人税	消費税	税額合計
現状	個人	50,000	19,350	18,020	4,410	1,800	855	−	2,000	9,065
	法人	−	−		−	−	−	−		
										9,065

		売上金額	給料	課税所得	所得税	住民税	事業税	法人税	消費税（仮）	税額合計
法人を設立した場合	個人	−	20,000	8,262	3,677	826	−	−		4,503
	法人	50,000			−	−	−	72	2,000	2,072

税金差額　2,490千円

【事業所得】

売上	50,000 千円
費用	30,000 千円
所得金額	20,000 千円
青色申告控除	−650 千円
国民健康保険(40歳未満)	−850 千円
基礎控除	−480 千円
課税所得金額	18,020 千円

【給与】

(1)給与所得(月額1,660千円)

19,920－1,950＝17,970千円

※役員報酬は、個人事業の所得金額約20,000千円で算定。

(2)課税所得金額

17,970－1,692(社会保険料月額141千円)－480(基礎)＝15,798千円

※標準報酬月額 1,390千円超で社会保険料判定→141千円(月額)

(3)所得税

15,798×33%-1,536＝3,677千円

酬等として分配する前提で計算を行います。これは、個人事業主では受けられずにいた給与所得控除等の恩恵を受けるためです。

今回は社長一人に月額166万円の報酬を支給するという前提で計算を行いました。この場合、所得税が3,677千円、住民税が826千円、法人の利益は出ていないため、均等割72千円、消費税は変わらず、2,000千円となり合計で6,575千円となり、個人事業の時と比較し2,490千円の税負担が減少します。

消費税は、基本的には3年目まで納税義務が生じないため、消費税分についても1、2年目に関しては、減額出来ることとなります。

このように、法人成りすることで、同じ事業を行っている場合であっても、税額に年間約2,500千円の違いが出てきます。この2,500千円によって従業員のベースアップ、蓄積されたものに関しては、社長の退職時に、退職金として税負担を少なく社長に支払いを行うことも法人であれば可能になります。

今回は税金の授業のため、説明は省いていますが、法人成りした場合には社会保険への加入が義務となりますので、普段は、社会保険料として、キャッシュアウトする金額も考慮し、顧問先さんとは打合せを行っております。

2　法人成り時点のシミュレーション

法人成りを行う場合、固定資産については、個人から法人に資産を譲渡するか、個人から借りることになります。個人と法人は別物なので、法人にその資産を移すと、社長が同じ場合でも、譲渡所得等の税金が発生します。

個人から法人に資産を譲渡する場合、金額を決定しなければいけませんが、所得税法には金額（時価）について明文規定がありません。

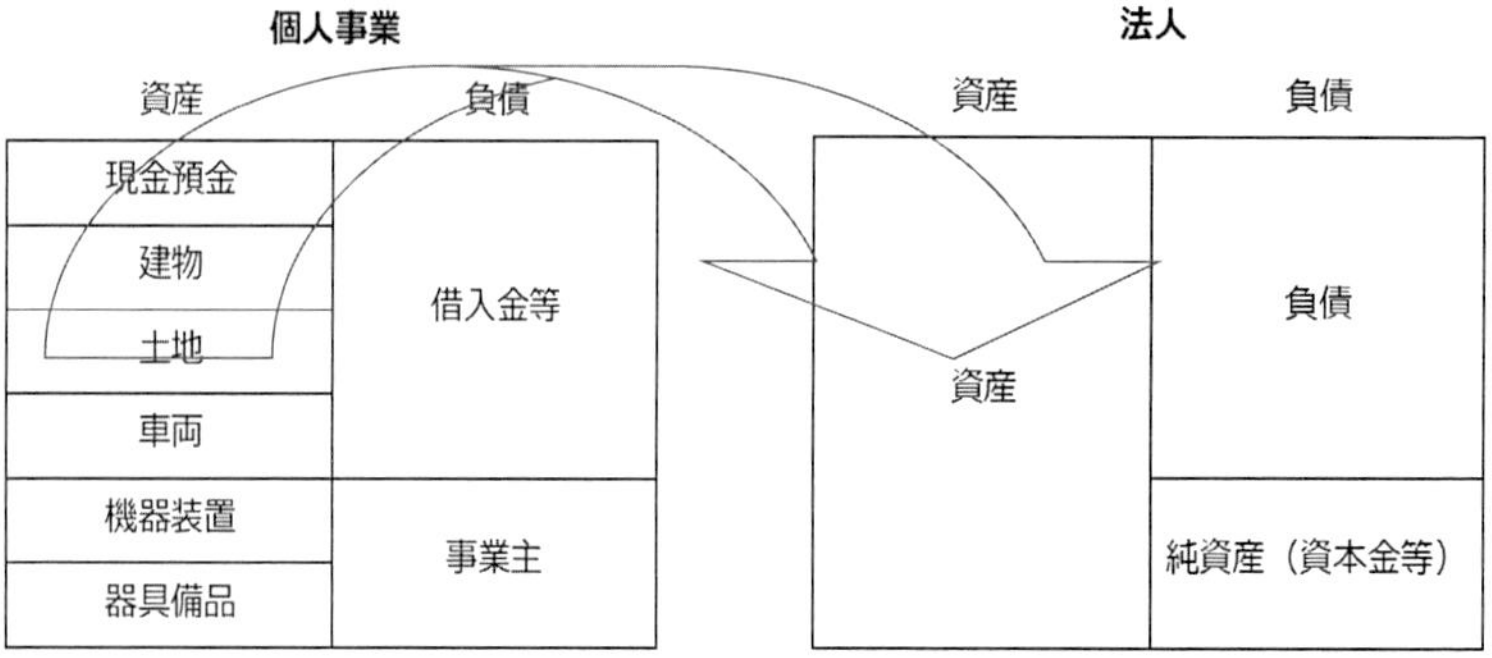

みなし譲渡に注意→譲渡時の価格の1／2に満たない場合に該当（所得税法施行令169、取得税法基本通達59－2）

例えば、土地・建物については、実勢価格、実際の取引相場等を考慮して金額を算定することが理想的ですが、実勢価格を知ることは困難となります。それは、実勢価格は取引ごとに異なるからです。

例えば、仙台のある土地を1ヶ月前に6、000万円で仕入、その3ヶ月後に8、000万円で売却しました。この場合、土地の価格としては、6、000万円も取引として成立した価格であり、8、000万円も成立した価格になります。ここでは、同じ土地で2、000万円もの差額が生じています。税法において「時価」が論点となることは多々ありますが、土地建物といった高額な資産の譲渡を行う際には、詳細な検討が必要となります。

次に、土地・建物以外を譲渡するときの金額算定はどのように行うかというと、これも「時価」となります。先ほど、ご説明したとおり、「時価」は不明確です。土地建物に比べて金額は少額になると思いますので、実務上では帳簿価格を参考に譲渡金額を決定していることが多いのではないかと思います。

最後は、債権債務になります。債権債務は時価そのものなので、税務上の問題は発生しません。

Ⅶ　一般社団法人（非営利型）への法人成り

今まで、「法人成り」について説明を行ってきましたが、所得税の説明ばかりで、最後にして初めて法人税の説明をさせていただきます。

法人とは、営利目的の事業体であり、原則的に全ての所得について税金が課せられます。ただし、今回の非営利型の一般社団法人等の場合には、一定の要件を満たすことで法人税が課税されないこととなります。事業の概要は次のとおりとなります。

概　要

本件は、認可保育事業を営む個人事業主の方からの相談でした（以下「Aさん」とする）。ここ数年利益が大きく、所得税、住民税、保険料等の負担が大きくなっている。同業者に相談したところ、法人成りした方がよいと言われたけど、どうしたらよいでしょうかとのことでした。

商工会議所にお願いしているけれども、商工会からも税理士さんに相談してみたらと言われたそうです。Aさんとしては、知人が株式会社を設立し保育園を運営していることから、同様に株式会社の設立を望んでいました。

当法人としては、一般社団法人の非営利型として法人成りすることを勧めました。

一定の要件（非営利が徹底された法人）

① 定款に剰余金の分配を行わない旨の定めがあること。
② 定款に解散したときはその残余財産が国等に帰属する旨の定めがあること。
③ ①、②に反する行為を行ったこと等がないこと。
④ 理事長及びその理事の親族等である理事の合計数が、理事総数の1／3以下であること。

要件を満たすことで、非営利型の法人を設立運営することは可能であると打合せを進めていましたが、銀行と打合せを行った際に、一般社団法人に対して保証協会付きの融資を継続することが出来ないとの説明を受けました。本園は、土地建物の取得の際に借入を行っており、借入金が残っている状態でした。

銀行を通して保証協会と話し合いを行った結果、理事長が保育園に土地・建物を貸して得た収入で借入金の返済を行う場合には、現在の借入を継続出来るとの回答でした。したがって、事業所得ではなく、不動産収入から、借入金の返済を行っていくこととしました。

周辺相場と比較し賃料が高額であった場合、利益供与に該当し、剰余金の分配とみなされる恐れがあるため、第三者である不動産業者の方にもご協力いただき、賃料の金額について決定を行いました。

おわりに

この寄附講座は、税理士受験生の増加を事業目的の一つに掲げています。平均寿命を考えた場合、学生の皆さんは、後50年は少なくとも生活していくこととなります。その時に、一生出来る仕事として、税理士も選択肢の一つと考えていただければと思います。

本日は、ご清聴ありがとうございました。

第8章　経営者の相談役としての税理士

佐藤哲之

はじめに

皆さん、こんにちは。只今ご紹介に預かりました日高見税理士法人の代表社員を務めております税理士の佐藤でございます。

私は、こちら東北学院の榴ケ岡高校にお世話になりました。今も昔と変わりませんが、東北学院榴ケ岡高校は、６割程度の学生がこちら東北学院大学に推薦で進学し、残りの４割がほかの大学を受験するという進学校です。私は、高校卒業後すぐに地元の自動車整備工場へ就職し、自動車整備士として働き始めました。当時の就職希望者は、私ともう一人の学生だけでした。私は、当初から大学に進学することを希望せず、就職を希望しました。就職を希望した理由は、早く自分の力でお金を稼いで自立したかったというのが理由です。従いまして、私は、推薦を含め、大学受験の経験をしたことはございません。

本日は、皆様大学生ということです。私のような者が大学で講義を行うのは甚だ僭越ではございますが、小池先生のほうから「佐藤さん、ちょっとやってくれないか」とのことでしたので、一生懸命資料を作って準備してまいりました。また、私の講義では、お手元に配付しているレジュメと同じものを前面のスライドに流しますので、お手元の資料を見ていただいても結構ですし、スライドを見ていただいても結構です。それでは、1時間ちょっとの時間、最後までよろしくお付き合いください。よろしくお願いします。

それでは、本日の講義の全体像について簡単にご説明いたします。本日のテーマは、経営者の相談役としての税理士です。経営者の相談役と聞くと、税理士という職業がとても高尚なイメージを持たれると思いますが、決してそうではございません。皆様には本日の講義を聞いていただき、特に中小企業の経営者と税理士がどのような関係なのか、少しでもイメージすることができればと思い、内容を構成しました。

それでは、本講義の具体的な内容ですが、まずは、本講義の主役である「Ⅰ　経営者とは」どのような立場であるのか。そして、どのような権限や責任があるのかについてご説明いたします。その後、我々「Ⅱ　税理士とは」について、我々の立場について若干お話しいたします。そして、「Ⅲ　経営者と我々税理士の関係」について説明した後、「Ⅳ　具体的な相談事例」をご紹介したいと思っております。具体的な相談事例については、我々税理士法人で実際に経験した相談事例についてご紹介いたします。そして、最後、「Ⅴ　結論」についてお話しいたします。

Ⅰ　経営者とは

それでは、早速、講義の具体的内容に入ります。まずは、「Ⅰ　経営者とは」についてご説明していきます。

本日の講義における経営者は、中小企業の経営者に限定いたします。その理由としては、我々のような東北の田舎の税理士法人のお客様の殆どが中小企業の経営者、社長です。大企業のお客様は、ほとんどありません。そして、大企業の経営者と中小企業の経営者は、同じ経営者でも全く異なります。これから皆様は、就職するわけでございますが、ここはしっかりと理解していただければと思います。大企業と中小企業は全く別次元の就職先で、全く違います。

続きまして、我が国における中小企業の位置づけについてご説明したいと思います。一般的に中小企業とは、中規模企業と小規模企業者のことを言います。中小企業庁のデータによると、日本の企業数359万8、000社のうち、中小企業の割合は99・7％を占めます。大企業一般に社長と呼ばれている殆どの方々は、中小企業の社長であることが分かります。大企業の割合は、0・3％しかありません。続きまして、企業で働く従業員者数のデータを確認していきます。日本全国の従業員者数は4、679万人おりますが、そのうち68・8％、約7割の方々が中小企業で働いており、給料を稼ぎ生活をしております。このように、日本経済

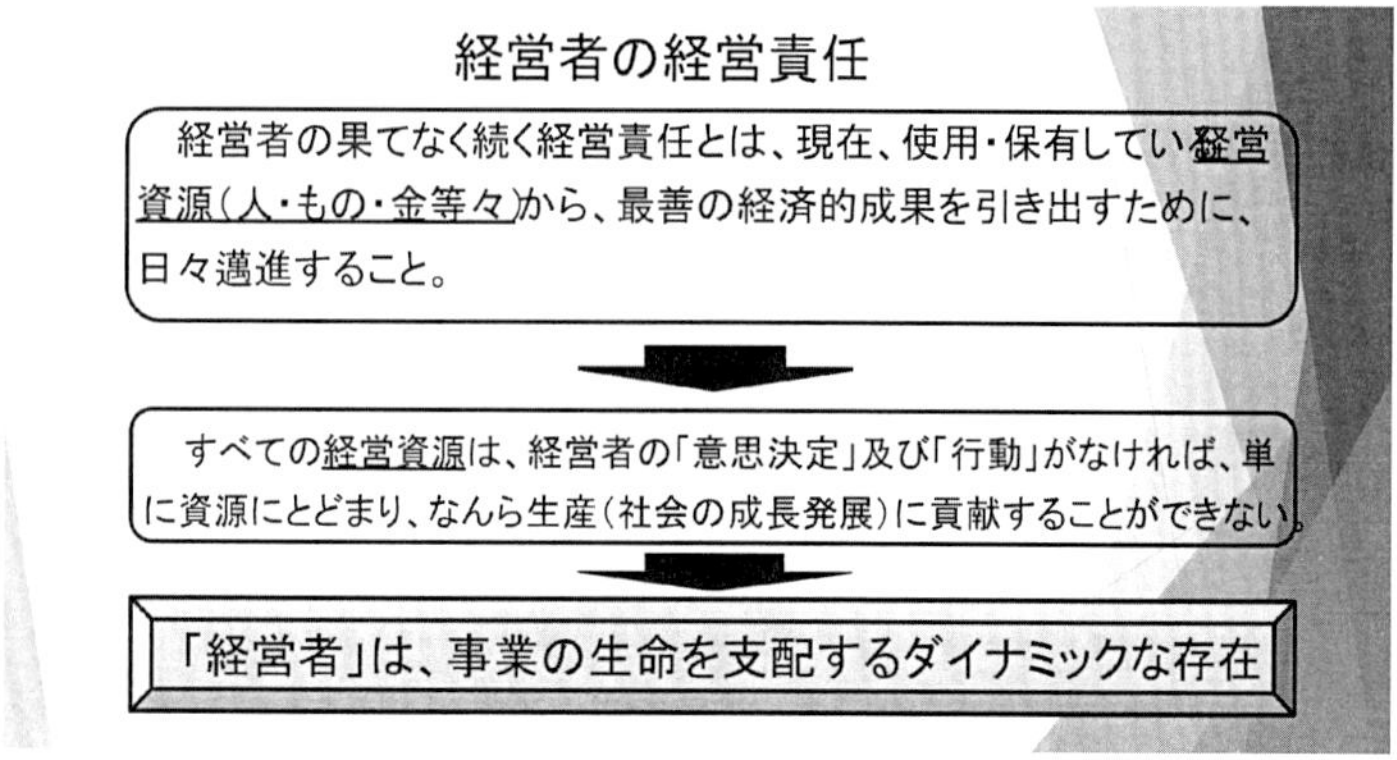
経営者の経営責任
経営者の果てなく続く経営責任とは、現在、使用・保有している経営資源(人・もの・金等々)から、最善の経済的成果を引き出すために、日々邁進すること。
すべての経営資源は、経営者の「意思決定」及び「行動」がなければ、単に資源にとどまり、なんら生産(社会の成長発展)に貢献することができない。
「経営者」は、事業の生命を支配するダイナミックな存在

の根幹を支えているのは、中小企業と言っても過言ではございません。また、現在の大企業でも、創業当時は皆、中小企業でした。急に大企業が経済社会に出現する訳ではございません。中小零細企業が徐々に企業努力を重ね、地道に成長して、大企業になるわけです。

次に、経営者の経営責任について説明します。次の図をご覧ください。

経営者の果てなく続く経営責任とは、現在、使用、保有している経営資源、いわゆる人・モノ・金から最善の経済的成果を引き出すために日々邁進することです。経営者には、全ての資源をより良くし続けなければならない責任があります。少し難しいので、具体的に分かりやすく説明しますと、「今、皆様が使用しているスマホをより使いやすくする」「現在の通信速度を同じ料金で速くする」また、「安全性の高い車やバイクを開発する」「今より面白いゲームを開発する」等々が挙げられます。経営者には、これらのことを模索し続ける社会的な義務・責任があります。そして、全ての経営資源は、経営者の意思決定と行動がなけ

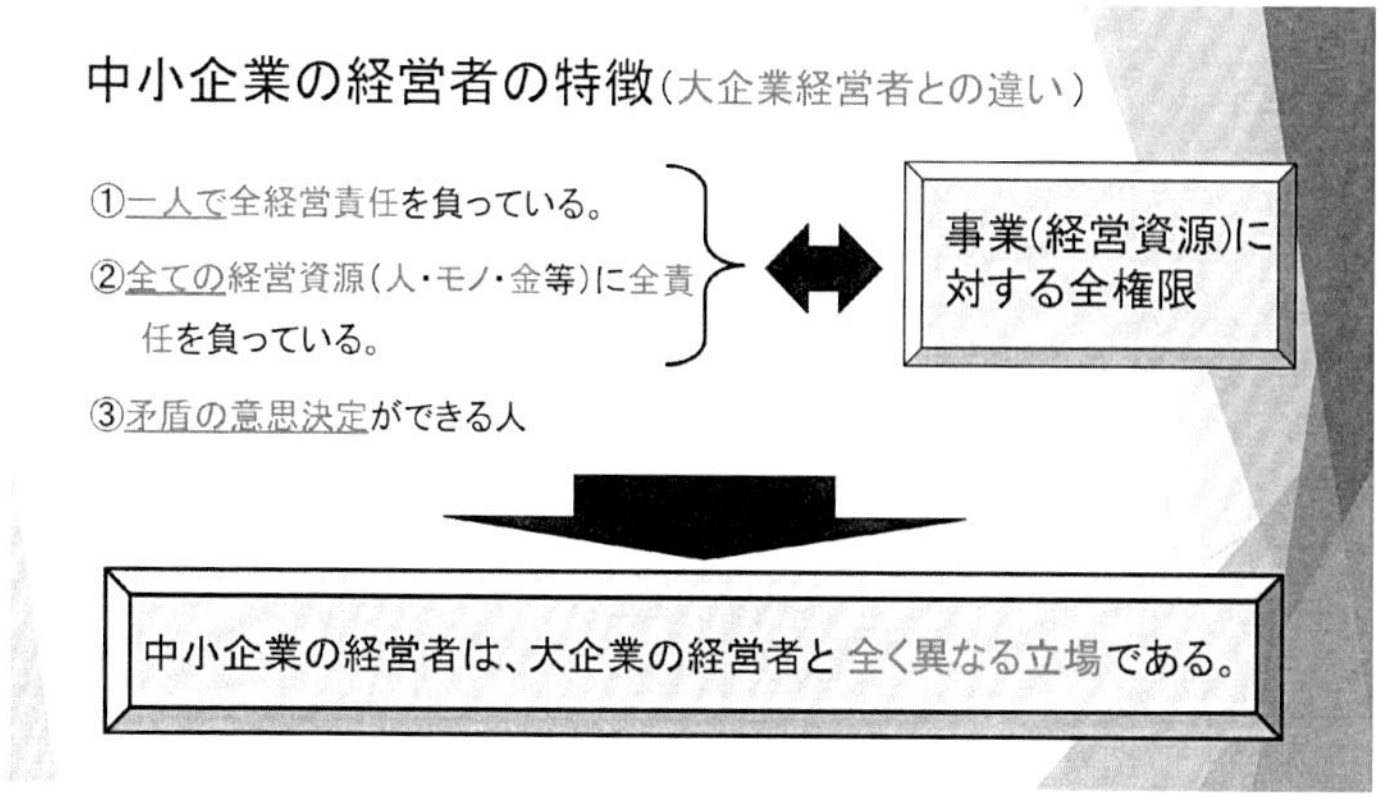
中小企業の経営者の特徴（大企業経営者との違い）
①一人で全経営責任を負っている。
②全ての経営資源（人・モノ・金等）に全責任を負っている。
③矛盾の意思決定ができる人
事業（経営資源）に対する全権限
中小企業の経営者は、大企業の経営者と全く異なる立場である。

れば単に資源にとどまり、何ら生産、つまり社会の成長発展に貢献することができません。そのため、「経営者は事業の生命を支配するダイナミックな存在」と言われております。そして、経営者の経営責任で最も重要なキーワードは、下線部分のところの経営資源、つまり人・モノ・金の箇所です。

続きまして、中小企業の経営者の特徴、こちら大企業経営者との違いについて、少し詳しくご説明していきます。こちらは、私が税理士として実務を行って素直に感じた、少し個人的な見解も含まれております。ご了承願います。次の図をご覧ください。

まずは、中小企業の経営者は、①一人で全経営責任を負っております。実際には、一人といっても、取締役会や、様々な部や課・グループ・チーム等々を組織し、権限や責任を委譲しながら事業活動を行っております。しかし、中小企業の経営者は、最終責任の全てが自分にあることを知っております。従って、業績が悪化した場合や損失が生じた場合には、潔く自分の給料を率先して減額したり・会社に返金します。そのような人たちが中小企業の経営者です。

次に、②全ての経営資源、人・モノ・金等に全責任を負っております。こちら経営資源の代表的な「人」・「モノ」・「金」にちょっと分けて少し説明します。

まず、経営資源の「人」についてです。当たり前ですが、経営者は、雇用責任を負っております。事業活動を通じて世の中の雇用、仕事を創出するのは、全て経営者です。そして、給料を支払う責任は、全て経営者にあります。特に、中小企業では、顕著です。皆さん、給料やボーナス、あと賃上げ、昇給、時給アップと聞きますと、ほとんどの人が喜びます。もらう立場の人や雇われている方々は喜びます。しかし、経営者は、その給料を実際に支払う立場です。そして、その給料の原資を経済社会から捻出しなければなりません。そして、賃上げや雇用環境を安定させる責任を負っているのも、給料を支払う立場の経営者です。

続きまして、経営資源の「モノ」を飛ばして、「金」についての責任をご説明します。中小企業の経営者の殆どは、出資者の立場でもあるオーナー経営者です。事業活動で使う資金は全て経営者個人が出資した「金」です。大企業の場合は、証券市場から資金を調達していますので、金に対する責任の度合いが全く異なります。中小企業の経営者は、会社の資金繰りが悪化した場合、社長の個人預金を平気で事業資金に充当します。また、数千万円や何億円という借入れを行う際には、当たり前のように連帯保証人を引き受けたり、経営者の自宅を平気で担保に提供します。もちろん今後の事業活動において返済できなければ自己破産となり、住んでいる自宅が無くなります。中小企業の経営者が「金」に対して負っている責任は、サラリーマンが住宅ローンで借金するのと全く次元が異なります。このようなことから、中小企業の社長は、路上生活者予備軍と言われる所以です。対して、大企業の経営者は、会社の借入金の連帯保証人になったり、社長自らの自宅を担保に提供したりしません。もちろん経営者個人の預金から会社の事業資金を提供したりもしません。中小企業の経営者と比較すると、大企業の経営者の殆どは経済的なリスクを負っておりません。残念ながら、大企業の経営者には、中小企業の経営者のような「金」のリスクに対する意思決定はできません。

そう考えますと、極端に言いますと、大企業の経営者は、会社から給料をもらうサラリーマンとさほど変わらない立場とも言えます。自分の資金を事業活動で使っている中小企業の経営者と、証券市場から調達した資金を使っている大企業の経営者とでは、天と地ほどの立場や迫力の違いがあります。

そして、最後、経営資源の「モノ」ですが、中小企業の経営者は、今ご説明した「金」に全責任を負っていることから、「モノ」に対しても全責任を負っております。以上が上図に記載した①と②の説明です。

そして、中小企業の経営者には、この①と②の絶大な責任を負っていることから、図の右側の事業に対する全権限が保障されております。責任の大きさと権限の大きさは常にセットです。そして、常に同じ大きさです。こちらについては後ほどご説明いたします。

続きまして、③中小企業の経営者は矛盾の意思決定ができる人です。

実際に我々税理士が経験した具体例として、中小企業の経営者等は、会社の業績が赤字な

中小企業の経営者とは

　中小企業の経営者は、事業活動に全責任（全権限）を負っていることから、言動や行動に迫力があり、ダイナミックな存在である。かつ、非経済的な一面を持つ人間的魅力のある存在である。

　しかし、一般の人々から見ると、一種独特で、理解不可能な存在に見える場合がある。

のに従業員のボーナスを増額したり、給料を昇給したりします。また、従業員が入院して仕事ができないのに、何年間も給料を払い続けたりもします。更に、取引先の連帯保証人に平気でなったり、従業員の横領や不正な損失を社長のポケットマネーで負担し、その従業員を解雇にしなかったり、倒産確実な取引先に資金を貸して返済不能になったり、そのようなことを、平然と意思決定できるのが中小企業の経営者です。つまり、会社の業績と実際の行動が矛盾した意思決定ができるというのも中小企業の経営者です。大企業の経営者には、このような意思決定ができません。そして、そのような理由から、中小企業の経営者は、大企業の経営者と全く異なる立場、存在であるとも言えます。そして、次の図をご覧ください。

　中小企業の経営者は、事業活動に全責任、全権限を負っていることから、言動や行動に迫力があり、ダイナミックな存在であります。かつ、非経済的な一面を持つ人間的魅力のある存在である。しかし、一般の人から見ると、一種独特で理解不可能な存在に見える場合が多々あります。

あくまでも、私が今まで税理士業務を行って知った中小企業の経営者とはこのような方々です。そして、中小企業の経営者は、自分の命や自分の存在と同じぐらい、自分の会社、自分の事業を大事にして、そして誇りに思っている方々です。

補足ですが、私は、今皆さんに御説明した理由から、何々銀行の頭取や何々電力の代表取締役社長よりも、自分の全責任で、実際に数名のアルバイトを雇って給料を支払っているその辺の飲食店の店主・経営者の方々を尊敬しております。

以上が「I　経営者とは」、特に中小企業の経営者についての説明です。

II　税理士とは

続きまして、「II　税理士とは」についてご説明します。今回の寄附講座において、様々な先生方が詳しく説明しているので、今回の講義では、簡略に説明させて頂きます。

まず、税理士の使命です。こちら税理士法の第1条で規定されております。税理士は、税務に関する専門家として、独立した公正な立場において、申告納税制度の理念に沿って納税義務者の信頼に応え、租税に関する法令に規定された納税義務の適正な実現を図ることを使命とすると定められております。

続きまして、次の図に基づき、税理士法が規定する税理士の地位をご説明します。

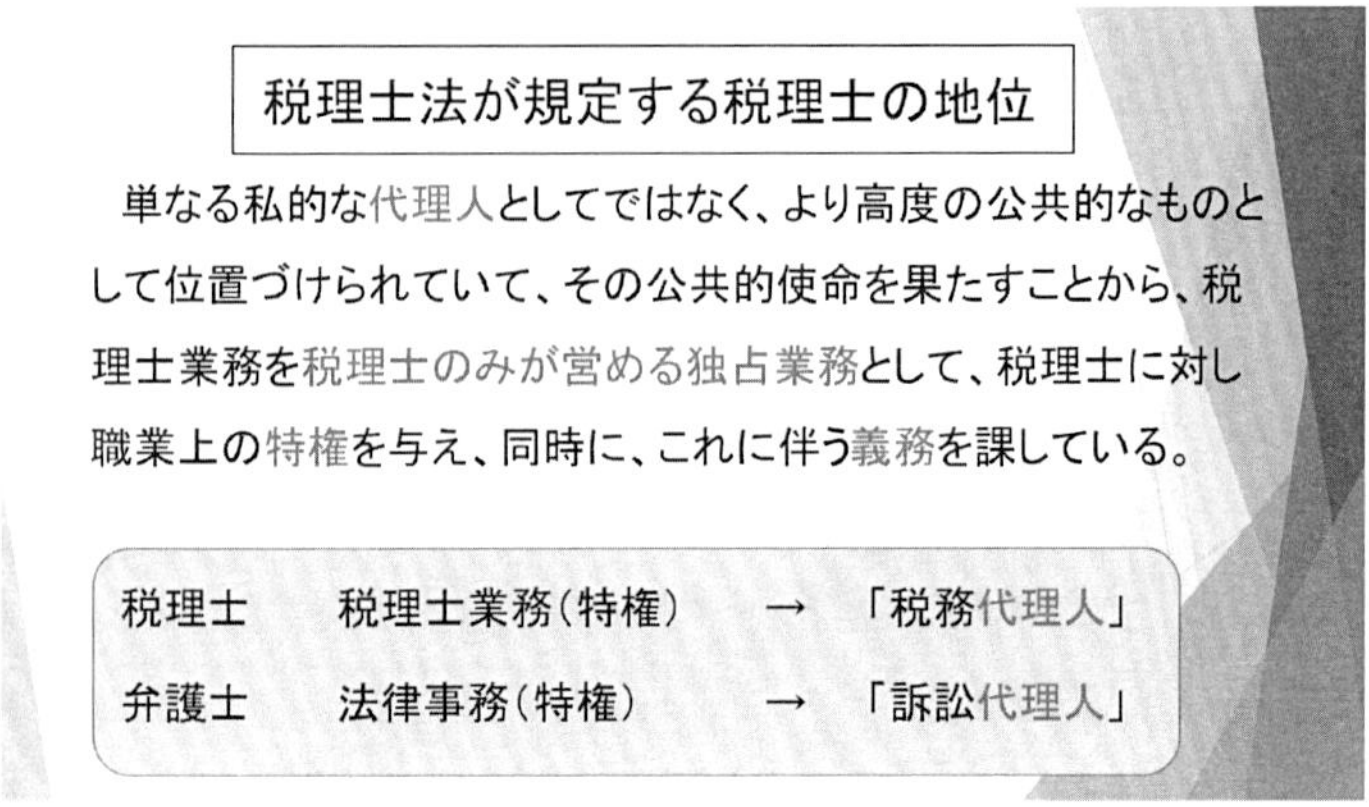
税理士法が規定する税理士の地位
単なる私的な代理人としてではなく、より高度の公共的なものとして位置づけられていて、その公共的使命を果たすことから、税理士業務を税理士のみが営める独占業務として、税理士に対し職業上の特権を与え、同時に、これに伴う義務を課している。
税理士　税理士業務（特権）　→　「税務代理人」
弁護士　法律事務（特権）　→　「訴訟代理人」

税理士の地位は、単なる私的な代理人としてではなく、より高度の公共的なものとして位置づけられていて、その公共的使命を果たすことから、税理士業務を税理士のみが営める独占業務として、税理士に対し職業上の特権を与え、同時に、これに伴う義務が課されております。

簡単に言いますと、我々税理士は、納税者の代理人として税金の計算を行い、税額を確定します。そして、我々税理士は、税理士業務という法的特権を与えられた税務代理人と呼ばれております。ちなみに、弁護士の先生方は法律事務という法的特権を与えられた訴訟代理人と呼ばれております。今回の講義では、この代理人という立場が重要なキーワードとなります。

そして、次の図に移ります。

我々税理士には、税理士業務という法的権限、特権が与えられております。そして、法的責任、法的義務も課せられております。先程、御説明しましたが、権限と責任は、常にセットになっております。様々な権限には、

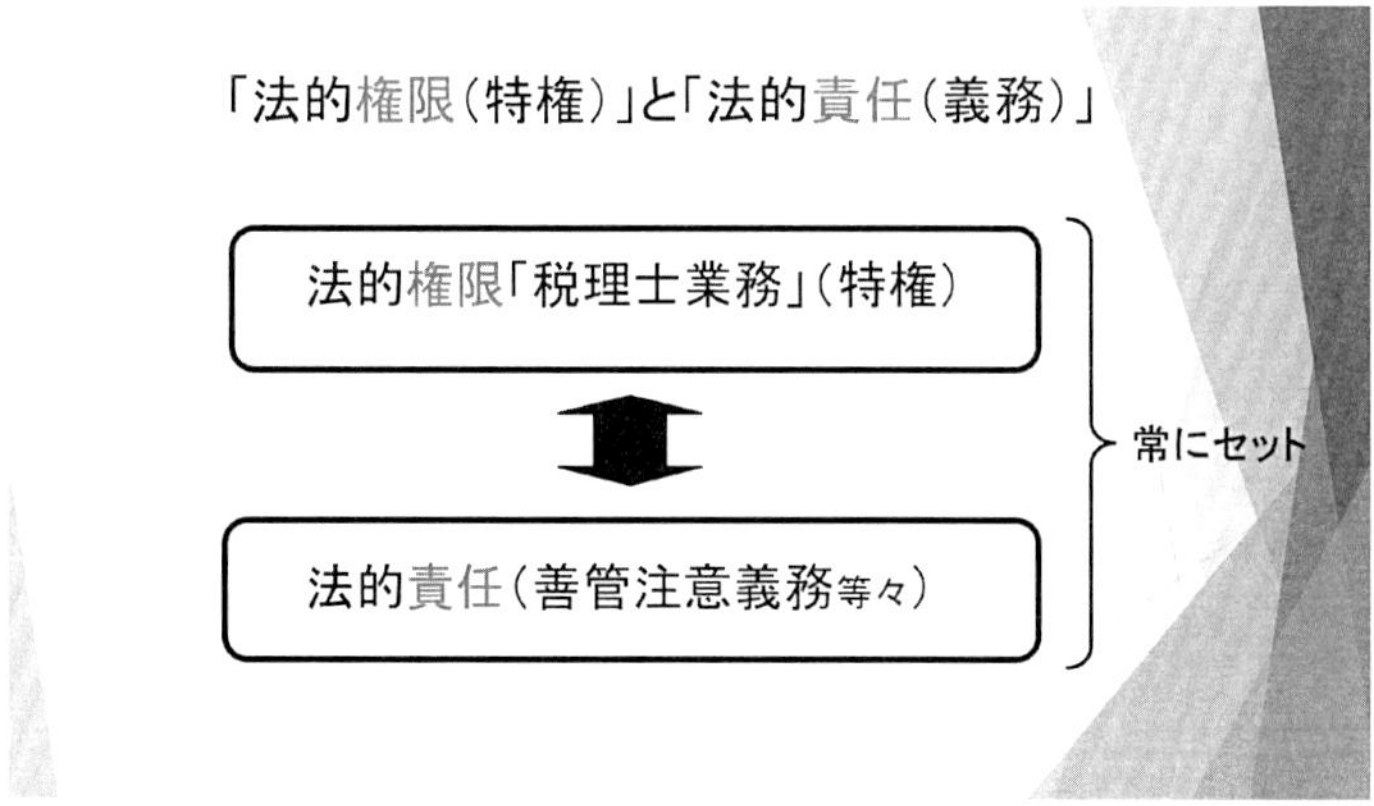

常に責任がセットとなって付いてくるものです。片方だけは、決して存在しません。社会人の方には、権限は欲しがるが責任は要らないという人が結構おります。よく権限移譲という言葉はよく聞きますが、責任移譲とは聞きません。権限のみ欲しがる方は、みんな自分勝手です。学生の皆様もこれから社会に出れば分かると思います。

そして、我々税理士の代表的な法的義務としては、善管注意義務というものが挙げられます。これは、善良なる管理者の注意をもって仕事をする義務です。仕事をする上では当たり前ですが、あえて法律の条文として規定されております。その他にも秘密を守る守秘義務、代理人としてお客様に適切に報告をする報告義務等々、様々な法的責任が課せられております。我々税理士は、これらの法的責任・法的義務を果たさなければ法律で罰せられる立場となっております。これらの厳しい法的義務が課されているからこそ、我々税理士には、税理士業務を行う法的権限・特権が与えられ、独占業務として保障さ

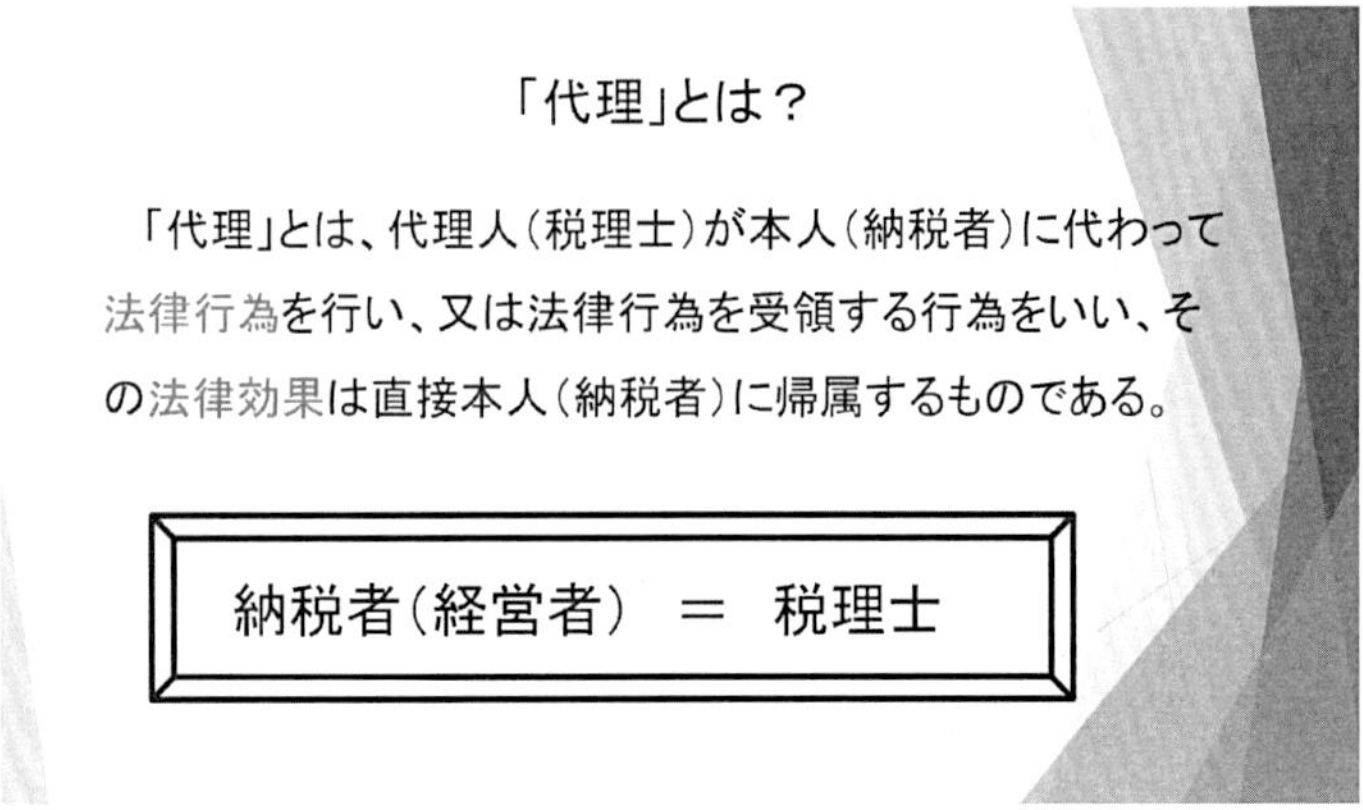
「代理」とは？
「代理」とは、代理人（税理士）が本人（納税者）に代わって法律行為を行い、又は法律行為を受領する行為をいい、その法律効果は直接本人（納税者）に帰属するものである。
納税者（経営者）　＝　税理士

れております。

　また、我々税理士に限りませんが、弁護士や医師をはじめ、法的独占業務を行う職業専門家には、常に厳しい法的責任が課せられております。そして、先程、御説明した中小企業の経営者にも絶大な責任と権限があります。繰り返しになりますが、権限と責任は常にセットです。絶大な権限があれば厳しい責任を負うことは、近代社会では当たり前のことです。

　続きまして、税理士業務について少しご説明します。我々の税理士業務は、税理士法において3つ定められております。1つ目は、「税務代理」です。税理士は、納税者の代理人となれます。2つ目は、「税務書類の作成」です。税金の申告書を作成することです。そして、3つ目は、「税務相談」です。こちらは、税金の相談に乗ることです。これら3つの業務は、我々税理士のみに法的に与えられている独占業務です。税理士以外の者がこれらの業務を行った場合には、法律で罰せられます。それでは、これら3つの業務のうち、税務代理について少し詳しく御説明します。

前頁の図をご覧ください。

代理とは、代理人、税理士が、本人、納税者に代わって法律行為を行い、又は法律行為を受領する行為をいい、その法律効果は直接本人に帰属するものです。つまり、我々税理士が行った法律行為は直接納税者に対して法律効果が生じます。後ほどご説明しますが、我々税理士と納税者との信頼関係がなければこの代理行為は成立しません。税務調査を例に説明しますと、我々税理士は納税者の代理を受けておりますので、納税者に替わり税務調査に立ち会い、税務調査官に直接対応することができます。その場に納税者が居なくてもよいのです。

つまり極端に言いますと、税務代理とは、代理の範囲内において納税者（経営者）イコール税理士という立場となります。このような法的立場ゆえに、我々税理士は、税務調査という秘匿性の極めて高い密室に立ち会うことができるのです。

以上が、税理士の立場、税理士の権限と責任についてのご説明です。

Ⅲ　経営者と我々税理士の関係

続きまして、「Ⅲ　経営者と我々税理士の関係」についてご説明します。まずは、今までご説明した経営者と税理士の立場のまとめについて確認していきます。次の図をご覧ください。

経営者と税理士の立場（まとめ）

	権限	責任（義務）
経営者	経営資源（人・モノ・金）に対する全権限	経営資源（人・モノ・金）から経済的成果を引出す責任
税理士	税理士業務（特権）	税理士業務に対する様々な法的責任（善管注意義務等）

最初に「経営者」の「責任」の欄から確認していきます。経営者の責任は、経営資源、つまり人・モノ・金から経済的成果を引き出す責任があります。そして、矢印の左側に移りまして、「経営者」の「権限」には、経営資源に対する全権限が与えられております。

次に下の欄に移りまして、我々「税理士」の「権限」には、税理士業務という特権が与えられております。そして、矢印の右側に移りまして、「税理士」の「責任」として、税理士業務に対する様々な法的責任が課せられております。以上が経営者と税理士の権限と責任のまとめになります。

そして、経営者と我々税理士の関係ですが、経営者は、法人の代表者の場合もありますし、個人事業の場合もございます。いずれも法人税や所得税の納税義務者です。この納税義務者と税理士は、基本的に顧問契約という税務代理契約を締結します。この契約は、民法の委任契約です。弁護士の先生も同じ契約となります。次に、この委任契約について簡単にご説明をします。次の図をご覧

委任契約

民法第643条 委任は、当事者の一方が法律行為をすることを相手方に委託し、相手方がこれを承諾することによって、その効力を生ずる。

委任契約の特徴

委任は、他人の特殊な知識、経験、才能を目的とした知能的な高級労務を利用する関係である。また、委任は、相手方受任者の人格・識見・技能・技量等を信頼する精神的要素を中核とするものであり、この対人的信頼関係の絶対性を有する。

ください。

まず、委任契約は、民法第643条において「委任は、当事者の一方が法律行為をすることを相手方に委託し、相手方がこれを承諾することによって、その効力を生ずる。」と規定されております。

委任契約は、納税者が税理士に対して税務に関する事務を委託し、税理士が承諾することで成立する契約です。従って、税理士業務における実務では、我々税理士からお客様に対して「仕事をさせて下さい。」とは言いません。我々税理士は、委任の本旨により仕事を委託されるだけの立場です。また、納税者が仕事を依頼しても、我々税理士が承諾しなければ、契約関係は成立しません。つまり、我々税理士と納税者の契約関係は、一般的な商取引とは、若干異なるような内容になっております。

そして、委任契約の特徴は、「委任は、他人の特殊な知識、経験、才能を目的とした知能的な高級労務を利用する関係であります。また、委任は、相手方、受任者の人格、識見、技能、技量等を信頼する精神的要素を中核

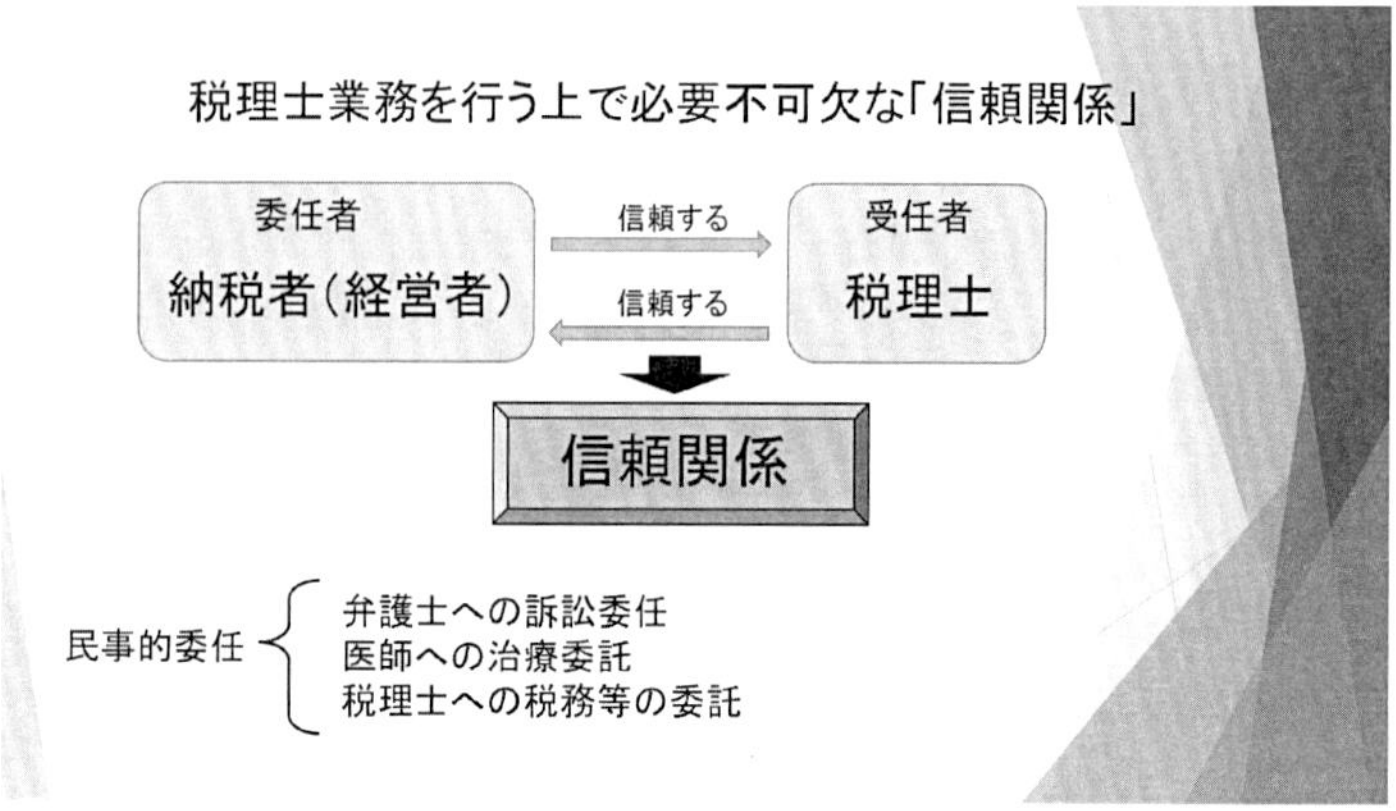

とするものであり、この対人的信頼関係の絶対性を有する」と説明されております。委任契約の特徴で特に重要な箇所は、この下線の箇所、対人的信頼関係です。我々税理士が適切に税理士業務を遂行する上では、納税者との間に対人的信頼関係が絶対的に必要なのです。それでは、税理士業務を行う上で必要不可欠な、この信頼関係についてご説明します。

一般的に、信頼関係という言葉は、社会生活上、様々なところで使用されております。そして、殆どの人々が様々な人々と信頼関係を築きたいと思っております。具体的には、友人や交際相手、ゼミの指導教授やバイト先の先輩や後輩、様々な人と信頼関係を築きたいと思っております。

では、この信頼関係とは、どのような関係なのかについて、上の図をご覧ください。

簡単に言いますと、自分が相手を信頼して、相手が自分を信頼してくれる関係です。とても簡単です。そして、自分にできることは、唯一相手を信頼することだけです。相手から信頼されることは、相手がすることとです。信頼されるためには、信頼される行動をしなければなりません。結構、世の中には、相手から信頼されることだけを求めて、自分では相手を信用しない方がおります。そのような方は、絶対に信頼関係を築けません。繰り返しになりますが、信頼関係を築くためには、自分にできることは唯一相手を信頼することだけです。非常に簡単です。

そして、経営者と税理士の間に委任関係が成立するためには、この信頼関係が根底に存在しなければ契約が成立しません。従って、私は、お客様を信頼しております。そして、お客様も我々税理士法人を信頼してくれていると信じております。そうでなければ、我々の顧問契約、つまり委任契約が成立しないことになります。

そして、補足になりますが、我々税理士と同じような契約として、弁護士への訴訟委任や医師への治療委託があります。弁護士の先生方は、依頼者の代理人として様々な事件に関与します。依頼者は、弁護士という資格があり、全力で法律相談に乗ってくれるからこそ弁護士の先生を信頼し、家族や知人にも言えないようなことを打ち明け相談するわけです。また、患者は、医師の資格があり、全力で治療に向き合い、信頼するからこそ自分の体のことを包み隠さず医師に打ち明けることができるのです。そして、患者は医師の言うことを信頼し、処方された薬を服用したり、また、手術ともなれば全身麻酔を受けて昏睡状態になり大事な体に傷をつけることをも承諾します。患者と医師の間に信頼関係がなければ絶対に成り立ちません。

このように、我々税理士に限らず職業専門家の仕事は、考え方によっては非常に簡単です。我々は依頼者を信頼して、真面目に全力で仕事を行うことが仕事なのです。繰り返しになりますけれども、経営者と税理士の間には、この信頼関係が構築されてはじめて成立する関係なのです。そして、我々税理士と経営者の信頼関係が破綻した場合には、速やかに契約を解除します。我々税理士は、信頼関係が構築されていなければ適切な税理士業務の遂行が不可能になるからです。

以上が経営者と我々税理士の関係です。

Ⅳ　具体的な相談事例

今まで、中小企業の経営者や税理士の立場、そして、経営者と税理士の関係について、確認してきました。経営者と税理士が信頼関係を基礎とした関係であるからこそ、我々税理士には、様々な相談が持ち込まれます。中には、「この相談は税理士業務ですか?」「相談相手として我々税理士が適任ですか?」というような相談事もあります。

これからご説明する事例は、実際に我々税理士法人が過去に実務で経験したものです。事例の内容については、守秘義務の観点から詳しくご説明出来ない場合や、業種等あえて変更しているものもあります。少しリラックスして、税理士にはこんな相談も舞い込んでくるんだ程度に聞いて頂けたらと思います。

もちろん、相談への対応は、常に適切であるわけでもございません。私も常に悩みながら全力で経営者に寄り添い、税理士業務を行っているというのが実情です。実務とはそういうものです。ご了承ください。

1　事例1　社長の役員報酬等の相談

中小企業経営者や経営者の家族の毎月の給料（役員報酬）の金額は、我々税理士が決定しております。正確には、税理士に役員報酬の法的決定権限はありませんので、経営者に対して給料の金額を提示し、最終決定を経営者がしております。各々の税理士法人等の方針にもよりますが、私もこの税理士業界で働き始めて驚いたことです。

その理由としては、中小企業の場合、正確な会社の財政状態や経営成績を把握しているのが社長より税理士であることが多いため、税理士が経営者家族の所得状況・生活状況についても常に把握していることが多いためです。

また、経営者からの相談には、役員報酬の金額に影響する家族の生活費の相談、子供の学費・奨学金の相談、大学等への進学をどうするか、マイホームの取得金額・頭金・毎月の返済金額・取得時期の相談、自宅の売却・買換える時期等の相談、ありとあらゆる相談を受けます。建前では、社長の給料は株主総会や取締役会の決議で決定します。しかし、中小企業の社長等の報酬は、我々税理士が社長から相談を受け、我々が十分検討し、提案した金額で大体決定されます。

もちろん社長の要望も聞きます。実際の要望で多いのは、社長自身の給料を減らしたいという相談です。最近では、来期の業績が悪化する見通しなので自分の給料を減らしたい、コロナ対策で資金を使いたいので給料を減らしたいという相談をよく受けます。自分の給料を増額したいという相談は殆どありません。また、給料を減額するといっても、中小企業の経営者の場合には、翌月から自分の給料をゼロにしたいとか、半分にしたいとか平気で相談してきます。従って、中小企業の経営者には、新入社員より給料が低い場合もざらにあります。会社の業績に責任を負うということは、このような意思決定を躊躇なく行うことなのです。

たまにニュースなどで報道されますが、大企業等で不祥事が起こった場合に、社長の給料を3か月間10%カットするなどと聞きます。中小企業の経営者と比べたら、如何にみみっちいことかというのがこの税理士の仕事をしていると感じることです。

2　事例2　創業経営者の妾に対する生活費の相談

現代社会では、あまり妾という言葉を使用することは不適切でございますが、大学という最高学府での講義ということですのでご了承ください。

私が直接受けた相談です。建設業を営む70歳超の中小企業経営者、代表取締役会長からの相談です。非常に立派な人格の方で、七十七銀行の元頭取の方と非常に親しい方でした。もう残念ながらお亡くなりになっております。その会長からの相談です。

面倒を見なければならない女性（60歳位）がいるとのことでした。その女性は、この会長の会社に40年以上経理事務員として勤めてきており、過去に会長が理由で婚期を逃してしまい、未だに独身であるとのことです。この女性は、非常にこの会社の発展に貢献した方で、会社の資金繰りが悪化すれば彼女の預貯金を取り崩し平気で二、三百万円を会社に貸し出すということをしておりました。もちろん会長とこの女性の間の詳しい関係は、直接聞きませんでしたけれども、皆さんでも過去に何があったかは容易に推察することができると思います。

相談の内容は、今までは会長が経済的にいろいろ面倒を見てきたけれども、自分が高齢になって、将来の彼女の生活が心配で悩んでいるとのことでした。私は、彼女が受給する年金や生活費の試算、また近々退職する時の退職金の計算、給料の設定等々を会長のほうに提案しました。会長は非常に喜んで安心して頂いたという事案です。このような相談は親族や知人には、なかなか出来るものではありません。このような事案の相談相手は、我々税理士が一番適任ではないのかなと感じた事案です。

3　事例3　関与する個人事業主の急な逮捕・服役

長年のお客様である塗装工事業を営む非常に親分肌の社長からの相談です。

来月から当社の下請として一緒に働く職人の確定申告をお願いしたいと依頼がありました。当税理士法人では、お客様からの紹介は断らない方針でしたので、すぐにこの職人の税務代理人を引き受けました。その職人の方は、住所が無いとのことでした。更に、銀行の通帳及び携帯電話も無いとのことです。もちろん、家族、親戚、頼る人も一切いないとのことでした。そして、今週中に名古屋から引越してくる予定で、この社長の自宅の庭にスーパーハウスを建て、そこで寝泊まりをし、生活をするとのことでした。

数日後、この社長のご自宅にお邪魔して、この職人の方と面談を行いました。職人の身なりは、普通の職人でしたが、第1関節の部分から指が4本ありませんでした。指がないのと税理士業務は一切関係ありませんので、それから2年程ほど税務代理人として個人事業の確定申告を行いました。

初めてお会いしてから約2年半後、その職人の方が逮捕されました。私もびっくりしましたが、その職人は、元指定暴力団で暴力団事務所への発砲事件を起こして宮城県へ逃げてきたという方でした。そして、逮捕から数か月後に税務署から私に連絡があり、その職人の所得税約7万円が未納の状態であること、早急にその職人の方と連絡を取りたい旨を伝えられました。納税者が逮捕されたことが既に報道されていたので、税務署の職員に、その職人の氏名をネットで検索するよう伝え、現状を理解してもらいました。税務署の職員も対応に困り果ててしまい、迅速穏便に処理するためには、どう対応すべきかの相談を私にしてきました。私もその職人の税務代理人という立場であることから、職人が依頼している弁護士と協議を行い、税金の未納処理を何とか解決しました。税金の未納処理解決後、弁護士より連絡があり、職人本人から今回の処理に対する感謝の意と出所したら再度申告をお願いしたい旨を伝えられ終了した事案でした。

現在、その職人は、刑務所に服役中です。

4　事例4　税務調査への対応の相談

この事例は、長年お付き合いのある県議会議員の先生から依頼された案件です。依頼内容は、その県議会議員の選挙支援者で自動車整備工場を営んでいる個人事業者の方に、今度、税務調査が行われることになり、対応に困っているので相談に乗ってくれないかとのことでした。

数日後、依頼者と依頼者知人の二人が当税理士法人に来所することになりました。依頼者の方は、右翼団体の関係者で、政治結社○○塾最高顧問という肩書きの方でした。依頼者の知人は、政治結社○○塾塾長という肩書でした。2人ともパンチパーマで、任侠映画に出てくるようなそのままの身なりの方でした。

相談の内容は、今まで自分で適当に申告・納税してきたので今度の税務調査がとても不安で、どのように対応すべきか御教示願いたいとのことでした。依頼者から、「警察は怖くないけれども、税務署は怖い。警察は20日程度身柄を拘束されるだけで済むが、税務署は私の大事なお金を持っていく。これからはしっかり心を入れ替えて真面目に納税するので、ぜひ助けて下さい。」とお願いされ、税務代理人を受諾し、税務調査に対応した事案です。

我々は、実地の税務調査の準備のために、依頼者の過去の申告内容を確認しました。過去の申告内容を確認したところ、驚いたことに過去の売上高は、すべて2、000万円ぴったりの金額でした。そして、必要経費は、すべて1、900万円ぴったりの金額でした。そして、もちろん差額の所得金額は、すべて100万円でした。毎年繰り返し、同じ収支内容で確定申告を行っておりました。ここまで大胆ででたらめな申告内容は、初めて見ました。この状況では、さすがに税務調査に耐えられないことが明らかのみならず、調査終了まで長期間を要することが確実でした。そこで、我々は、税務調査が実施される前に過去3年分の修正申告を行い、そして納税を済ませてから税務調査を受けることを助言提案し、納税者を説得しました。依頼者の方は、我々税理士に対して非常に協力的に対応してくれました。我々が依頼した資料は、すぐに持参してくれますし、家族全員の預金通帳の提出にも素直に応じてくれました。

しかし、実地の税務調査時においては、「猟銃を持って税務署に立て籠ってやるぞ」、「あなたの子供は何人いるんだ」、「これからは死亡保険金を多めにかけておいたほうがいいぞ」等々、調査官に対して脅迫まがいの言動を繰り返しておりました。その都度、我々は、そういう言動はやめなさいと注意しながらの税務調査でした。

税務調査の結果、新たに修正を要するものはありませんでした。つまり申告是認となり、納税者の方も大変感激して感謝してくれたという事案です。もちろん、その後は、我々が税務代理人となり適正に申告納税を継続しております。

5　事例5　過少申告者からの相談

依頼者は、水産加工業を営んでいる個人事業主で、ある事情により、長年過少申告を継続してきた方でした。しかし、依頼者の息子が事業承継することが決定し、今後法人成りを行い事業の拡大を図っていく予定とのことでした。そして、今後は、適切な申告納税を行いたいとの相談でした。この依頼者も顧問先からの紹介であったことから、我々は、仕事を受任し、過去の申告内容を分析しました。

過去の申告状況を分析した結果、依頼者は、毎年の売上高を3、000万円以下まで除外し、所得税の過少申告のみならず、消費税の免税事業者として確定申告を行い続けていました（現行法での事業者免税点は、1、000万円に引き下げ）。つまり、意図的に消費税の課税事業者になることを回避し、申告納税していたという事案でした。

我々は、このような過少申告を行った事情を依頼者に確認しました。

依頼者は、以前、父の経営する水産加工会社で、父と一緒に働いていたとのことでした。しかし、その会社は、不景気の煽りを受け資金繰りが悪化し、法的整理を行ったとのことでした。その法的整理時に父が夜逃げしてしまい、その後、残った細かい仕事をかき集め、依頼者が個人事業として引継ぎ、現在に至っているとのことでした。

個人事業主として事業を引き継いだものの、父は、正規の金融機関以外の様々な方々から借金をしていることが徐々に判明しました。そして、その借入先の相手先には、暴力団からの借金数千万円も含まれておりました。正規の金融機関の借金は、会社の法的整理時に解決しましたが、この暴力団からの借金については、父の替わりに返済しなければならなくなりました。

当時は、現在のような法律の規制がなく、強烈な取立てが毎晩続き、何度か暴力団の事務所にも連れていかれたとのことでした。依頼者は、過少申告の税金のみならず、すべての資金を暴力団への借金の返済に充て、10年以上もの期間、極貧の生活を送っていたとのことでした。依頼者は、その返済が終了したことから、息子に事業を承継して真面目に申告納税しようと考えていたとのことです。

我々税理士は、様々な理由があろうと、違法な申告・納税を看過することはできません。税理士には、委嘱者への是正助言義務が課せられております。我々は、今までの過少申告を直すこと、これにより多額の納税が生じることを伝え、そして、今後の納税計画を一緒に立案することを約束し、過年度分の修正申告をするように説得しました。依頼者は、説得に応じてくれて過年度分の修正申告を行ったという事案です。

修正申告時の納税額は多額でしたが、3年程度要して全ての未納税金を完納しました。現在では、法人成りを行い、息子が社長となり優良企業に成長して事業活動を行っております。

6　事例6　無申告者からの相談

この事例は、無申告者、申告自体を全くしていない方からの相談です。

依頼者は、過去一度も確定申告を行っておらず、今後、適正に申告したいので相談に乗ってもらいたいとの相談内容でした。我々は、無申告の理由を確認したところ、この業界で申告する人は誰もおらず、そして、申告して税金を納めるのは馬鹿だという業界内での共通した考え方であるとのことでした。その業界は、いわゆるピンク系と言われる性風俗関係の雑誌の取材や出版、風俗嬢の女性の送迎の仕事でした。その依頼者は、その仕事以外にも動画の編集や、様々な企業のホームページの作成等も行っておりました。

依頼者は、今まで何度か申告・納税を行うことを考えたそうですが、急に申告して税務調査が来たり、多額の税金が課せられたりするのではないかと、結局怖くて申告出来なかったとのことでした。そして、業界が業界だけに、誰にも相談出来なかったということでした。

我々は、今回申告しようとした理由を確認しました。その理由として、今お付き合いしている女性と結婚を考えているとのことで、依頼者は、彼女のお父さんに結婚の挨拶をしに行った時に、娘と結婚する条件として申告・納税することと伝えられたそうです。立派なお父さんです。それで心を入れ替え、申告することを決心したということでした。

我々は、依頼者に対して過年度分の当初申告と納税をしてもらいました。その後、依頼者は、無事に結婚し、毎年我々が税務代理人として確定申告を継続しております。

この事例は、とてもスムーズに進んだ案件です。本来、無申告を継続する人達は、非常に肝が据わっている方が殆どです。事例5の過少申告者と無申告者では、同じ税金を誤魔化していることに違いがないが、雲泥の差があります。そして、我々税理士は、この無申告の相談を受ける場合には、細心の注意を払い面談します。無申告の方々は、我々税理士に対して、本当に信頼できる人物かどうか、本当のことを話していいのかを真剣に見定めております。そして、短時間の面談では中々真実を語りません。彼らからの信頼を得なければこの手の仕事は絶対にうまくいきません。

我々税理士は、無申告者の方々より肝を据え、解決策を真剣に模索する必要があります。そして、無申告者の言い分に真剣に耳を傾けて、寄り添い、真摯に相談に乗らなければ、このような方々との信頼関係を構築することはできません。

そして、この手の仕事は、決算書や税務申告書を作成するだけの仕事と比べ、非常に精神的ストレスが掛かり大変な仕事です。しかし、誰かがやらなければならない仕事なのです。そして、このような信頼関係を基礎とした真剣な仕事を行えるのも、職業専門家である税理士の仕事のやりがいの一つだと思います。

以上が我々税理士法人で実際に経験した相談事例です。今回、ご紹介した事例は、ある程度満足した結果として終結した事例です。しかし、必ずしも満足する結果とならない場合も多々あります。経験不足や説明不足で納税者に不測の損害を与えてしまったり、単純な計算ミスをしてしまったり、事実認定を勘違いしてしまったり、実務を行っていると反省することが多々あります。その時に、素直に反省し、同じことを繰り返さないことが重要です。

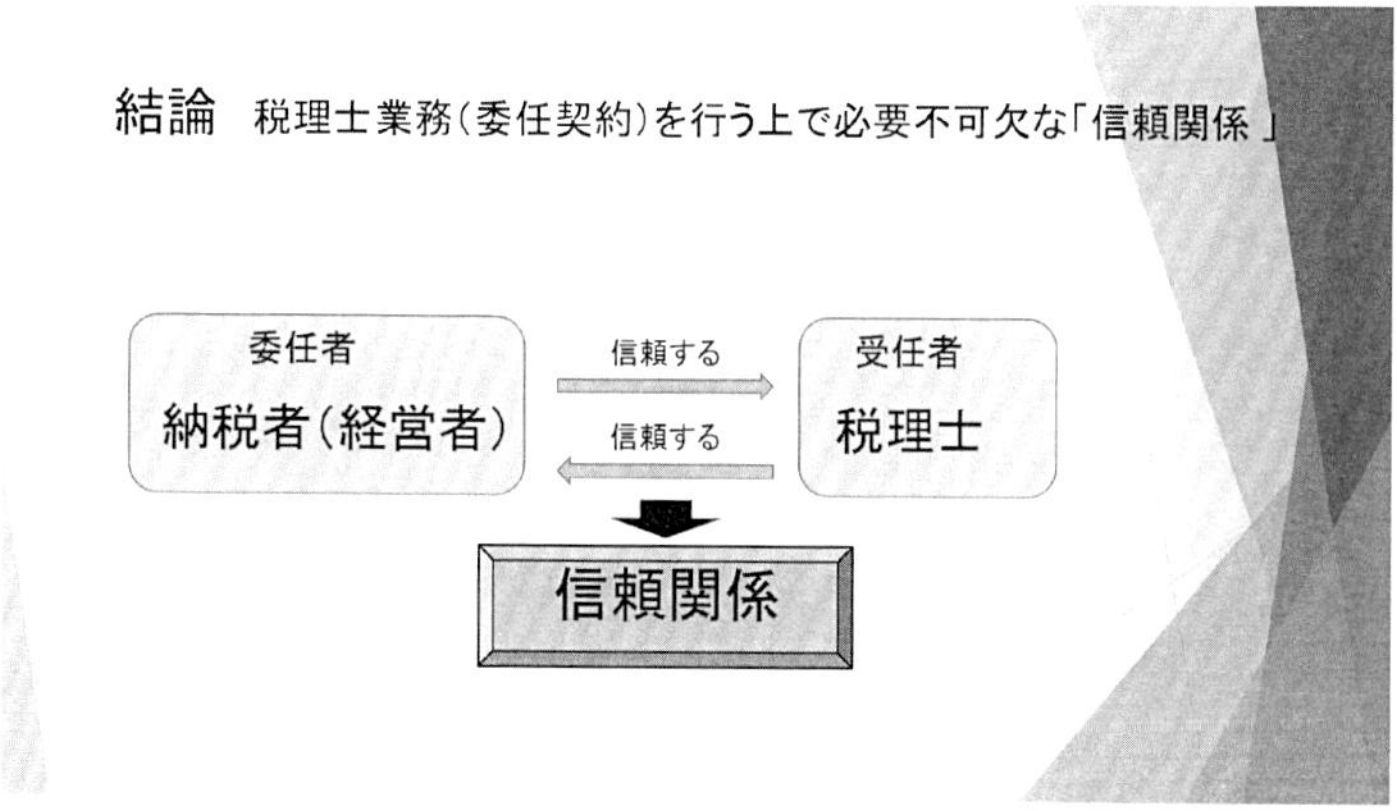

おわりに

それでは、本講義の結論、まとめについてご説明します。

次の図は、先ほどの図を再掲したものです。繰り返しのご説明になりますがご了承ください。

我々の税理士業務は、信頼関係が根底になければ絶対に成り立ちません。具体的には、経営者が税理士を信頼して、税理士が経営者を信頼する関係です。そして、我々税理士は、信頼を売る職業とも言われております。従って、我々税理士には、信頼される行動をし続ける義務もあるのです。税理士の仕事は、とても簡単です。

続きまして、次の図ですが、こちらも再掲になります。次頁の図には、わかりやすいように①から④まで番号を振りました。

それでは、①の税理士の権限からご説明いたします。

我々税理士には、税理士業務という特権が与えられてお

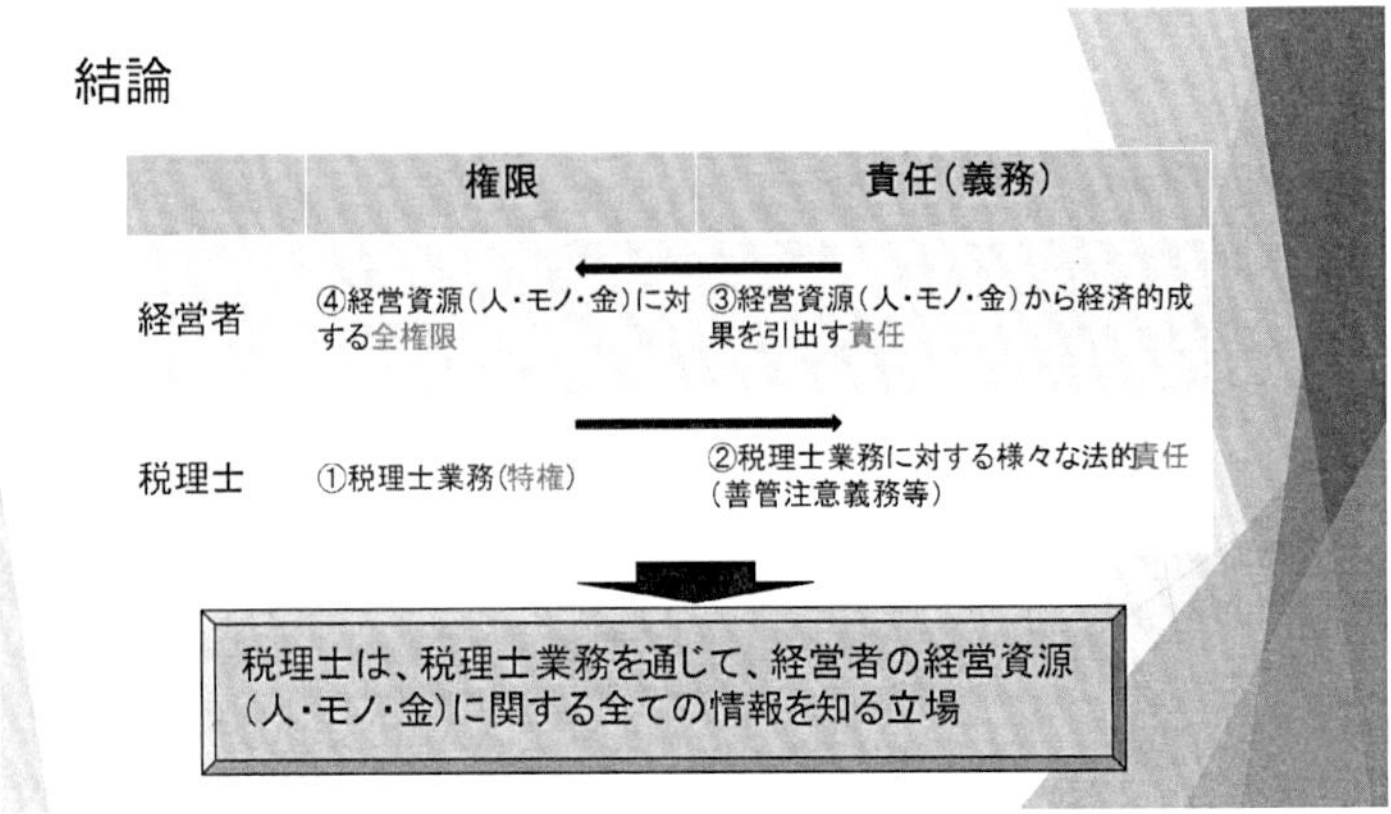
結論
権限
責任（義務）
経営者
④経営資源（人・モノ・金）に対する全権限
③経営資源（人・モノ・金）から経済的成果を引出す責任
税理士
①税理士業務（特権）
②税理士業務に対する様々な法的責任（善管注意義務等）
税理士は、税理士業務を通じて、経営者の経営資源（人・モノ・金）に関する全ての情報を知る立場

ります。我々の法律で定められた独占業務です。次に②です。この特権に対する責任（義務）として、税理士業務に対する様々な法的責任がございます。

次に、上の段に移りまして、③の経営者の責任の欄です。中小企業の経営者には、経営資源、人・モノ・金から経済的成果を引き出す責任がございます。その責任を果たすために、左側に移りまして、④経営資源、人・モノ・金に対する全権限が与えられております。

そして、図の下をご覧ください。税理士は、税理士業務を通じて経営者の経営資源全てを知ることができる立場なのです。つまり、我々税理士は、中小企業の台所事情の全て知ることができる唯一の立場で仕事を行っております。

先程ご説明しましたが、中小企業の経営者は、自分の命や自分の存在意義と同じくらい自分の事業に対して誇りを持ち、大事にしております。そして、事業を経営する上で最も重要で代表的な情報は、決算書です。中小企業の決算書は、世の中でトップクラスに秘匿性の高い情

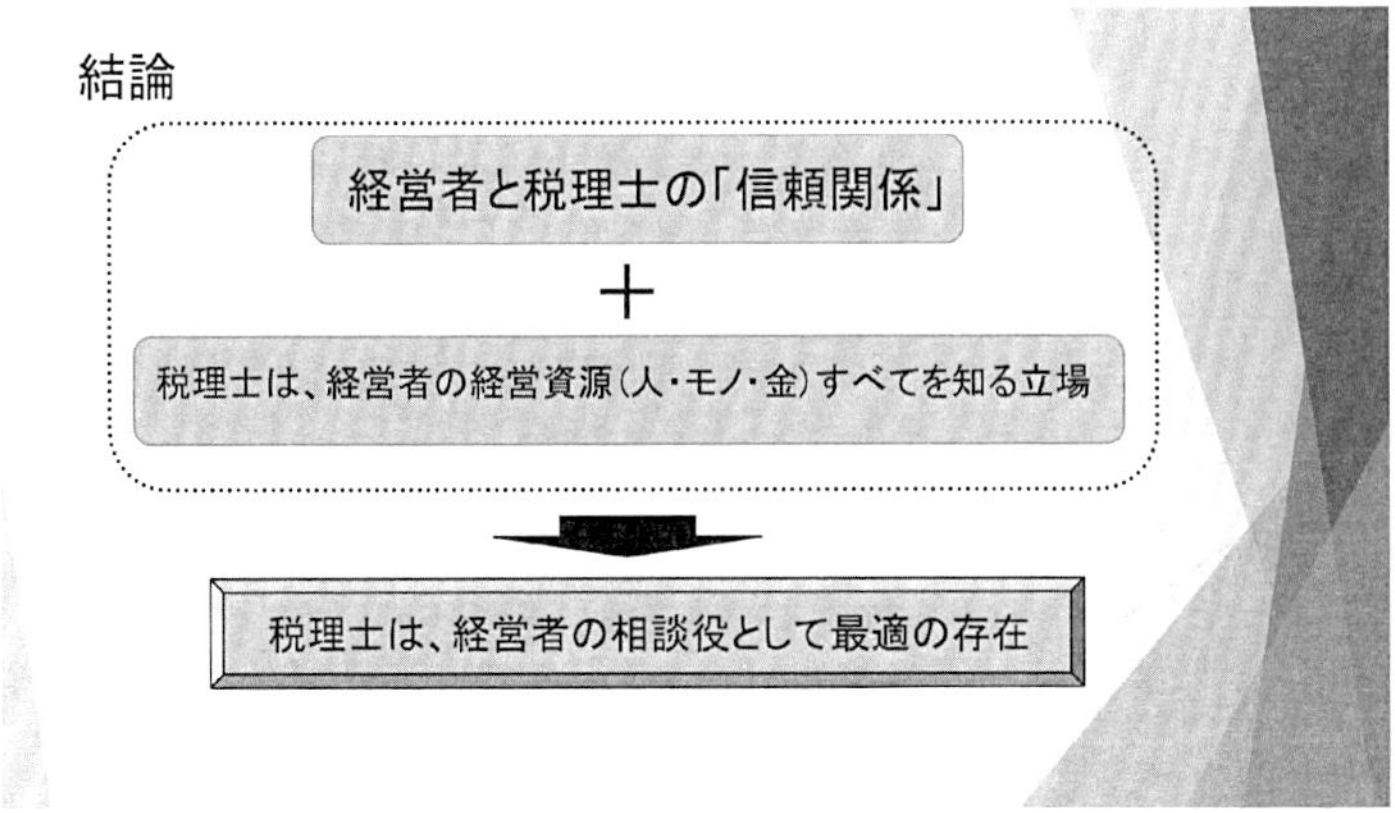
結論
経営者と税理士の「信頼関係」
＋
税理士は、経営者の経営資源（人・モノ・金）すべてを知る立場
税理士は、経営者の相談役として最適の存在

報と言われております。そして、我々税理士は、この決算書の作成に携わる仕事です。つまり経営者の一番大事な情報を共有しているのが我々税理士なのです。

そして、次の図をご覧ください。本講義の結論です。

先ほど繰り返しご説明しましたが、経営者と税理士の間には、信頼関係が構築されております。そのため、先ほど6つの事例でご説明したような、通常では相談されないような相手から、通常では相談されないような内容の相談を受けることができるわけです。この信頼関係の上で仕事が行えるのも我々税理士の魅力の一つです。

この信頼関係に加えて、先程ご説明した、税理士は、経営者の経営資源である人・モノ・金の全てを見ることができる立場であります。

そのような立場であるからこそ、我々税理士は、経営者の相談役として最適の存在と言えることができるわけです。以上で本日の講義を終了いたします。

皆様、ご清聴誠にありがとうございました。

第9章　給与所得の意義

小池和彦

はじめに

東北学院大学経営学部の小池和彦でございます。今日のテーマは、「給与所得の意義」です。私の研究には、まず交際費に関する若干続いた研究があります。その後給与所得者の必要経費に関する研究があり、税務経理協会からそのものズバリのタイトル『給与所得者の必要経費』増補改訂版（税務経理協会・2017年）という本を出版させていただいております。本日は、そのうちの一部を切り取ってお話しさせていただきたいと思います。主として、「給与所得解釈から生じる必要経費の差異」（税経通信第64巻第13号、2009年9月）という論文の内容をもとにして、お話しさせていただきます。

大学院を出て、京都産業大学経営学部に就職したのですが、最初は、研究にまとまりがほとんどなく、何でもいいから論文書いていけばいいというのが私の姿勢でした。先ほど触れました、交際費課税について書いてみたり、資本的支出と修繕費について書いてみたり、国際会計基準について書いてみたり、合併会計を書いてみたり、研究の一貫性が取れていませんでした。税経通信に資本的支出と修繕費に関する論文を掲載していただいた後に、当時はやっていたストック・オプションに関する論文を書いて掲載してもらおうとしたのですが、ストック・オプションでは次が続かないなと考えて、私は取り下げました。書き上げたものについては、いま一つだなと思っても、全て発表してきたのですが、結局この論文だけはいまだに私は発表していません。ストック・オプションに関する論文はお蔵入りになっています。

悩んだ挙句選んだ研究が給与所得者の必要経費というテーマです。今思うと、なぜこのテーマを選んだか、全く覚えていないのですが、これならば、連続して研究ができるのではないかと当時おそらく私は考えたのだと思います。給与所得者の必要経費に10年ほど私は取り組み、上記の単行本を出版させていただいております。

さて、給与所得というと、私は文献を読む前は、会社との契約か何かが一番重要だと考えていたのですが、読み進めていくうちに裁判例等の積み重ねによる帰納的な定義で基本的には判断されているのだということがわかってきました。その帰納的な定義とは、「個人の非独立的ないし従属的な労務提供（人的役務提供）の対価としての性質を持った所得」というものです。この場合における「非独立的」と「従属的」とは、一般的な意味では、同義ですが、判例における取り扱いは異なるといわれています。では、「非独立的」と「従属的」とは、どのように異なって用いられているのかといえば、「非独立的」とは、「自己の危険と計算によらない」という意味で使用され、また「従属的」とは、「時間的空間的拘束を受ける」

ことと、「使用者の指揮命令に服する」ことの意味で使用されているのです。

これに対し、事業所得となると、これとは逆の解釈になります。「独立的」とは、すなわち、「自己の危険と計算による」ことになり、「非従属的」とは、すなわち、「時間的空間的拘束を受けない」、「使用者の指揮命令に服さない」ならば、事業所得となると考えられているのです。

Ⅰ　解釈が求められる各種所得の意義

所得税法では、所得を10種類に区分することになっています。所得がその性質や発生の態様により担税力が異なるためです。

そしてもちろんその所得区分は明確であることが望ましいですが、実は明確ではありません。所得税法では、それぞれの所得に関して抽象的なレベルの定義しか示されていません。たとえば、事業所得に関しては、「農業、漁業、製造業、卸売業、小売業、サービス業その他の事業で政令で定めるものから生ずる所得をいう」とされています（所得税法27条1項）。また不動産所得は、「不動産、不動産の上に存する権利、船舶または航空機の貸付けによる所得をいう」とされています（所得税法26条1項）。このように、事業所得は、何らかの事業から生じる所得であること、不動産所得は、不動産の売却ではなく、貸付けから生じる所得であることを述べた、極めて抽象的な定義にとどまっています。雑所得にいたっては、

「利子所得・不動産所得・事業所得・給与所得・退職所得・山林所得・譲渡所得及び一時所得のいずれにも該当しない所得をいう」とされ（所得税法35条1項）、結局のところ、雑所得とは、他の所得区分に属さない所得に過ぎません。

　言葉から成る法律は、もともと解釈から逃れられない存在です。法律の言葉は、できるだけ具体的に表現されている方が望ましい。言葉があいまいで多義的であると、それは紛争のもとになります[1]。しかしたとえある程度具体的に法律を制定しても、われわれが住む現実の世界においては、将来を完全に見通すことはできないので、その法律を解釈する必要性に迫られます。立法当初から、立法者の予想した事態と違う事態がすでに世の中にあったり、立法のときから時間がたって、不測の事態が発生したり、立法のときには何も取り決めをしておらず、明文規定がない場合があったりして、結局のところ、人々の予測し得ない解釈が不断に追加されていくことになります[2]。そしてそれは、まさしく創造的な営みに他なりません。

　結局、各種所得にいかなるものが含まれるかに関しても、不断の解釈の積み重ねにより判断されてきています[3]。すなわち、社会通念といった、人々の感覚的なもので判断されてきた側面が強く[4]、具体的には、裁判所の解釈により、その各種所得にいかなるものが含まれるのかが形成されてきています[5]。

　給与所得に関しても、所得税法は、非常に単純な定義しか示していません。現行の所得税法は、その28条1項において、給与所得に関して、「給与所得とは、棒給、給料、賃金、歳費及び賞与並びにこれらの性質を有する給与にかかる所得をいう」と規定していますが、具体性がありません。法律に明文規定がないのであるから、給与所得に関しても解釈される必要性があるのです。

給与所得に関しては、これまで解釈が積み重ねられてきており、いかなる所得が給与所得になるかに関する判断基準が形成されてきています。とりわけ、事業所得との境界に関連して問題が多数発生して、その際に行なわれた解釈の積み重ねにより、給与所得の意義に関し、ある程度の共通了解が形成されてきています。

II 給与所得の意義

給与所得の意義に関しては定説が存在します。所得税法28条1項は、給与所得に関して、例示列挙しているのみで、その内容に関しては、明らかにしていませんが、しかし判例等の積み重ねによって、給与所得の意味内容に関する帰納的な定義は存在し、その帰納的定義が定説となっています。

すなわちそれは、給与所得とは、「個人の非独立的ないし従属的な労務提供（人的役務提供）の対価としての性質を持った所得」というものです。

給与所得とは、「個人の非独立的ないし従属的な労務提供（人的役務提供）の対価としての性質を持った所得」であるとする解釈における「非独立的」と「従属的」とは、一般的な

意味とは異なり、判例における取り扱いは異なるといわれています。(9)

では、「非独立的」と「従属的」とは、どのように異なって用いられているのかといえば、「非独立的」とは、「自己の危険と計算によらない」という意味で使用され、また「従属的」とは、「時間的空間的拘束を受ける」ことと、「使用者の指揮命令に服する」ことの意味で使用されています。

事業所得に関していうと、この給与所得の意義の逆の解釈になります。すなわち、判例の積み重ねにより形成された給与所得の定義によれば、「非独立的」すなわち、「自己の危険と計算によらない」で、「従属的」すなわち、「時間的空間的拘束を受け」、「使用者の指揮命令に服する」ならば、給与所得になりますが、逆にいうと、「独立的」すなわち、「自己の危険と計算による」で、「非従属的」すなわち、「時間的空間的拘束を受けない」、「使用者の指揮命令に服さない」ならば、事業所得となるということになるのです。

例えば、大学教員を考えてみましょう。一生懸命授業の準備をし、良い授業をしても、あるいは逆に無難に普通の授業をしても給料は変わりません。また原則的には与えられた授業を決められた時間に実施しなければなりません。ですから、大学教員は、自由業のような印象を持たれていますが、意外に拘束されていて、典型的な給与所得者で、給与所得の定義に当てはまる職業ということになります。

いくつかの判例をチェックしてみましょう。

たとえば、昭和56年3月6日京都地裁第一審判決（昭和49年（行ウ）第4号）では、[10]私立大学の教授が他の大学から得た非常勤講師料が給与所得か雑所得かで争われており、ここでも、「労務の提供が自己の危険と計算によらず」と「他人の指揮監督に服してなされる」という給与所得の特徴を示す言葉がみられます（傍点は筆者）。

「「これらの性質を有する給与」とは、単に雇用関係に基づき労務の対価として支給されるよりは広く、雇用またはこれに類する原因（たとえば、法人の理事、取締役等にみられる委任または準委任等）に基づいて、非独立的に提供される労務の対価として、他人から受ける報酬及び実質的にこれに準ずべき給付（例えば、各種の経済的利益等）をいうと解すべきである。換言すれば、労務の提供が自己の危険と計算によらず、他人の指揮監督に服してなされる場合にその対価として支給されるものが給与所得であるということができる。」

逆に、給与所得ではなく事業所得となるとされる場合には、「労務の提供が自己の危険と計算による」と「他人の指揮監督に服さない」といった用語が使われることになります。

たとえば、昭和51年10月18日東京高裁判決（昭和50年（行コ）第21号）では、[11]弁護士が本来の弁護士業務のほかに顧問料収入を得ている場合には、その契約の内容によっては、給与所得的性格のものも想定されるが、顧問契約に基づく弁護士の役務の提供は、顧問先から監督、支配、介入等のなされる余地がほとんどなく、独立性を有し、むしろ顧客の求めに応じ、自己の危険と計算に基づいて行われる弁護士業務の一環として行われるものと認められ、したがって、顧問料収入は、事業所得の収入に含まれるものと考えられると判示しています（傍点は筆者）。

所得税基本通達では、[12] 外交員報酬に関する記述が、定説である帰納的定義に基づき、端的に表現されています。

外交員は、自己の危険と計算において営んでいないところと営んでいるところがあって、危険と計算において営んでいない固定給部分は給与所得としての性格を有し、他方、自己の危険と計算において営んでいる歩合給部分は事業所得となると通達では記述しているのです。

外交員は自己負担で契約期間に有料の物品を購入し、その物品を活用して、契約を獲得して、歩合給を取得しようとします。この場合の契約を獲得するための支出が、有効に機能し、契約獲得と、その結果としての歩合給の取得につながる場合もあるでしょう。しかし、このような支出が、契約獲得につながらず、まったく無駄な支出になる場合もあるでしょう。

外交員というのは、歩合給を得ようとして、自主的に費用負担をしているのであって、まさしく、自己の危険と計算において営んでいる側面があります。そして、このような危険負担を有している場合の外交員の所得は、定説である帰納的定義に基づけば、固定給部分である給与所得とは違って、まさしく事業所得に他なりません。[13]

外交員の所得と似たような所得に、委託検針員の所得があります。

福岡地裁昭和62年7月21日第一審判決（昭和58年（行ウ）第14号）において、[14] 委託検針員が、自己の危険と計算において営まれているとされ、事業所得であると判示されています。[15]

委託手数料が出来高払いであり、労務提供の対価としてよりも請負業務の報酬としての性格を有していることと、業務に必要な器具、資材のうち、主要な交通手段であるバイクの購入、維持費等が委託検針員の個人負担である点が指摘され、検針員委託手数料は事業所得であると判示されています。[16] すなわち、仕事ないし業務の成果と収入の多寡の関係性が強く、仕事ないし業務をする上での本人負担の費用があることが論拠とされ、事業所得とされています。[17]

この判例事例では、費用負担が多い点にも着目され、事業所得としての判断がなされています。私は費用負担が会社負担なのかそれとも本人負担なのかが、給与所得と事業所得を分ける基準の一つになりうると考えていますが、判例では必ずしもそうではありません。

東京地裁昭和43年4月25日第一審判決（昭和40年（行ウ）第70号）、日本フィルハーモニー交響楽団所属のバイオリニストが所得の区分を争った裁判では、[18]「非独立性」すなわち、「自己の危険と計算において営まれないこと」に着目され、バイオリニストの収入が、事業所得ではなく、給与所得であると判示されています。

この裁判では、収入を得るために支出する費用負担に関しては、所得区分の問題と関係がないとして、主張されています。すなわち、音楽家というものは、自己の使用する楽器や演奏用の特殊な服装等を自ら用意するのが普通で、技術向上のための研究等も必要であり、職業費ともいうべきものが一般の勤労者より多くかかり、それが給与所得控除額を上回る場合もありうることは否定できないが、所得税法は、所得の発生態様ないし性質のいかんによって所得の種類を分類しているのであり、必要経費の多寡を所得分類の基準としているとは解されないとして、音楽家の所得は事業所得ではなく、給与所得であるとされているのです。

しかしながら、音楽家の必要経費の多寡は、給与所得と事業所得とを区分する判断基準になるのではないでしょうか。音楽家というのは、楽団に属してはいるものの、仕事に従事するための必要経費が多額に発生する危険のある職業です。音楽家が自己の判断で自己の事業のために多額の経費を負担している場合には、その音楽家の所得は事業所得としての性格を有しているとされるべきではないでしょうか。実際、この裁判における必要経費の多寡の問題は、自己の危険と計算において業務の遂行がなされているかどうかという点について、一つの判断材料となるのではないかとの指摘があります[19]。

必要経費の多寡以外の論点をもう少し、詳しくこの裁判事例を見ていきます。原告である楽団員は、一定の契約に基づいて雇用され、あらかじめ事務局により示されたスケジュールに従い、演奏、練習も一定時間行わなければなりません。また楽団員が、契約規定に違反したり、不正不義その他楽団の信用を傷つけるような行為があったりしたときは、契約解除等の制裁を受けることになります。楽団員が演奏のため出張するときには、交通費、日当、宿泊費が支給され、また退職時には楽団員に対して退職金も支給されることになっています。原告である楽団員は、野球選手との類似性を主張し、楽団員の所得も事業所得であると主張しています。しかし野球選手の場合には、球団から受ける報酬は、選手個人の技能の進歩、成績、人気の高低に左右されるものであり、自己の責任と計算において提供するサービスに対する報酬としての性格を持ちますが、楽団員のそれは、個人的色彩はほとんどなく、その報酬は楽団が定めたとおりに、労務を提供すること自体に対して支払われるもので、原則として勤務年数に応じて逐年増額されます。これらの点に着目され、日本フィルハーモニー交響楽団所属のバイオリニストが受け取った報酬は、自己の危険と計算において独立的に営まれる業務に当たらず、給与所得であるとされています。

つぎに従属的の「従属性」に関しても、もう少し詳しく検討しておきましょう。[20]裁判例からすると、従属性とは、「時間的、空間的拘束を受け」「他人の指揮監督に服する」こととされています。

盛岡地裁平成11年4月16日第一審判決（平成8年（行ウ）第4号）では、[21]りんご生産組合の組合員たる納税者が、組合に雇用されている他の労働者と同様の形態でりんご生産活動に従事し、その対価として得た金銭が、りんご生産組合から分配される事業所得かそれとも給与所得かという点で争われています。この事件では、「従属性」という用件が、給与所得と事業所得を分ける観点として指摘されているといってよいでしょう。すなわち、組合員が、非組合員と同様、りんご生産事業に従事し、毎日の労働時間をタイムカードによって管理されていたことが、事業所得と給与所得とを分ける重要な理由として指摘されています。[22]

また、りんご生産組合の組合員たる納税者が得た報酬は、自己の危険と計算において営まれていないので、給与所得であるという指摘もなされています。すなわち、一日あたりの定額の日給を基本とする対価の支払いを受け、その労賃は、組合全体の所得とはなんらの関係もなく、もっぱら労働時間により定められたものであり、なんら自己の危険と計算という要素の入り込む余地はなく、単なる労働の対価であるとされ、納税者の所得は、事業所得ではなく、給与所得であるとされています。

先に示したフィルハーモニーの音楽家の所得も、フィルハーモニーとの雇用契約に基づき所定の演奏および練習という労務に服することの対価としての性格を持つとされ、給与所得であるとされています。[23] すなわち、フィルハーモニーの音楽家の所得が、時間的、空間的拘束を受け、そして他人の指揮監督に服するものであるという側面もあるため、給与所得であると判断されているといってよいでしょう。

那覇地裁平成11年6月2日第一審判決（平成9年（行ウ）第9号）では、[24] 原告会社とキャディーとの間で形式的には雇用契約が締結されていないものの、キャディーの採用の仕方、プレーヤーへの割当や日常業務の管理のあり方、キャディーの勤務状況の把握及び指導、キャディー報酬額の決定及び支給方法等を総合考慮すると、キャディー業務は、原告会社がゴルフ場におけるプレーヤーに対するサービスの一部をなしているものであり、キャディーの労務提供は、キャディー自身の危険と計算によるものではなく、原告会社の指揮監督に服してなされたものであると認められることから給与所得であるとされています。ここでは、「自己の危険と計算において営まれていない」という「非独立性」要件に関する言及もありますが、それよりもむしろ「他人の指揮監督に服する」といういわば「従属性」要件が強調されています。

おわりに

所得税法では、ある所得がいかなる所得区分に属するかを具体的に条文で規定するということが行なわれてきませんでした。各種所得の定義は、極めて抽象的なレベルのものが示されているに過ぎず、これまでの裁判などから形成された帰納的な解釈から所得の定義が導かれてきたといってよいでしょう。

給与所得に関しても例外ではなく、具体的な規定はなく、人々の合意により形成されてきた帰納的な定義があるに過ぎません。その給与所得の帰納的な定義とは、「個人の非独立的ないし従属的な労務提供（人的役務提供）の対価としての性質を持った所得」というものです。

給与所得の帰納的定義における「非独立性」を検討すると、費用負担が少ないことが導かれる可能性があると私は考えます。給与所得の帰納的定義における二つの判断基準のうちの一つ、「非独立性」すなわち、「自己の危険と計算によらない」というのは、個人が努力しても、報酬の増加にはつながらないということと、一方で、自己負担経費が少ないことを意味していると解釈するのが妥当と考えてよいのではないでしょうか。もともと給与所得というのは、自己がどのように働くかに関係のない、いわば、固定給が想定されています。[25] すなわち、給与所得というのは、自らの意思で積極的に働いて、勤務時間を超過したり、自主的に費用を支払って熱心に仕事に携わったりしても、所得の金額が劇的に変化しないことが想定されていると解釈されます。

しかしながら、これまでの判例では、費用の多寡が「自己の危険と計算において営まれる」と密接な関係があるかどうかは、はっきりしておらず、費用の多寡と「自己の危険と計算において営まれる」との関連性はいわば、グレーゾーンに属しているといえるでしょう。

福岡地裁の委託検針員のケースでは、仕事ないし業務の成果と収入の多寡の関係性が強く、仕事ないし業務をするうえでの本人負担の費用があることが、委託検針員の報酬を給与所得ではなく事業所得に分類する基準となっています[26]。神戸地裁の医科大学の教授が受け取った医療上または病院経営上の指導に対する報酬に関しては、その成果が医師の側ではなく病院に帰属することと、その医師の交通費負担がなかったことが、「自己の危険と計算によらない」とされた根拠とされています[27]。

逆に、京都地裁の私立大学の教授が得た非常勤講師料に関する判決では[28]、必要経費の多寡は、所得分類の基準にはならないとされ、また、東京地裁の日本フィルハーモニー交響楽団所属のバイオリニストが受け取った報酬に関するケースでも、支出する費用負担の多寡は、所得区分の問題とは無関係とされています[29]。

このように、「自己の危険と計算によらない」の意味するところとして、自己負担経費の多寡は関係がないという見方も確かにあります。

しかし今後、仮に給与所得について多額の経費が発生した場合に、給与所得というのは、その性質からすると、そもそも多額の経費負担を伴うものではないため、その所得は、もはや給与所得ではなく、事業所得であるとされる可能性が多分にあるのではないでしょうか。

給与所得者の必要経費は、もともと少ないと筆者は考えています。必要経費の範囲をどうするかによっても所得から控除される経費は異なります。確かに、支出した経費の多くが必要経費とされる法人と異なって、個人というのは、必要経費と家事費が明確でないところがあります。ですから、むやみに給与所得者の必要経費の範囲を広げれば無限に広がっていくところがあります。

しかしながら、衣食住という家事費の典型を給与所得者の必要経費から除くと、(30) 給与所得から引かれる必要経費はほとんどないといってよいのではないでしょうか。また、そもそも、給与所得者は経費を支払っていません。実際に支払ってない経費は、本来は必要経費に認められるはずはないでしょう。

現実には、給与所得控除という、必要経費の概算控除が給与所得者には認められています。もっともこれは税制上の恩典です。給与所得控除の性格は、必要経費の概算控除、他の所得との負担調整、捕捉率格差の修正、早期納税の金利調整といった性格を有するものと解釈されていますが、いずれにしろこれらの解釈は、給与所得者の実際の経費はほとんど存在しないが、税制上の特別の配慮で認められている経費に過ぎません。必要経費がほとんどかからない所得、それが給与所得ととらえていいように私は思います。

さて、東北学院大学寄附講座特別講義V租税概論はいかがだったでしょうか。先生方の税理士業務の話や税法の話題だけではなく、経験談も聞けて、興味深いものだったと思います。
例えば、高橋宗夫先生のエビスビールの話、面白かったですね。普通はラベルのタイが1匹なのに、400本に1本の割合で、2匹のラベルがあるという話なんか、驚きました。それと、養命酒には二種類あって、薬局で売っているのは薬で、酒屋で売っているのは酒だなんて気づかないですよね。ただ、先生の講義は、ほとんどが酒の作り方の話や酒の豆知識で酒税の話は、最初だけでしたけどね。もっとも、先生のような講義は、私にはとてもできません。寄附講座ならではの授業だったのではなかったのかなと思います。

【注】

（1）渡辺洋三『法というものの考え方』（日本評論社、2008年）202頁。
（2）同上、222－239頁。
（3）田中　治「給与所得概念における従属的労務性」税務事例研究第83号26頁、2005年1月。
（4）給与所得に関しても、所得税法28条1項が給与所得に明確な定義を与えず、ただ例示しているにすぎないことから、給与所得の収入金額に当たる「給与等」であるか否かを決定付けるのは、最終的には社会通念であるという指摘がある。佐藤英明「給与所得の意義と範囲をめぐる諸問題」金子宏編『租税法の基本問題』（有斐閣、2007年）406頁参照。
（5）所得税法における「事業」という概念も、その判断のよりどころを社会通念に求めている判決もある。たとえば、高松地判昭和48年6月28日行集24巻6・7号511頁参照。

(6) 所得分類をめぐる争いは、所得分類によって、税負担が異なるために生じる。給与所得と事業所得の区分をめぐる紛争も、給与所得の課税所得計算において必要経費控除の仕組みを導入することになれば、紛争は減るであろうという指摘がある。田中治「所得分類の意義と給与所得課税―ストック・オプション判決を素材に―」租税法研究第32号100頁、2004年5月。

(7) 同上、107頁。

(8) 金子　宏『租税法（第12版）』（弘文堂、2007年）183頁。

(9) 佐藤・前掲注（4）401頁。

(10) 行集32巻3号342頁。

(11) 訟月22巻12号2876頁。

(12) 所得税基本通達204－22では、外交員などの報酬に関する課税上の取り扱いを次のように明示している。

「外交員又は集金人がその地位に基づいて保険会社等から支払いを受ける報酬又は料金については、次に掲げる場合に応じ、それぞれ次による。

(1) その報酬又は料金がその職務を遂行するために必要な旅費とそれ以外の部分とに明らかに区分されている場合　法第九条第一項第四号（非課税所得）に掲げる金品に該当する部分は非課税とし、それ以外の部分は給与等とする。

(2) (1)以外の場合で、その報酬又は料金が、固定給（一定期間の募集成績等によって自動的にその額が定まるものおよび一定期間の募集成績等によって自動的に格付される資格に応じてその額が定まるものを除く。以下この項において同じ。）とそれ以外の部分とに明らかに区分されているとき。固定給（固定給を基準として支給される臨時の給与を含む。）は給与等とし、それ以外の部分は法第二百四条第一項第四号に掲げる報酬又は料金とする。

(13) 神田良介「給与所得についての会計学的一考察―給与所得控除の意義を中心として」明大商学論叢第84巻第4号72頁、2002年3月参照。

(14) 訟月34巻1号187頁。

(15) この裁判において、以下のような指摘もなされているので注意されたい。検針業務は第三者に代行されることが禁止されておらず、現実に行われており、雇用契約にはない側面がある。また、兼業が事由で実際に兼業者が多い点も、一般的には、委託検針契約が雇用契約ではない方向を裏付けるものである。同上。

(16) もっとも、原告側は、業務に関する経費は九州電力が負担し、一方で、業務の成果は九州電力が享受しているので、検針員が受け取った報酬は、給与所得であると主張している。検針業務に必要な筆記用具や懐中電灯、計算機（そろばん）等はその全部を九電が貸与（無償支給）しており、衣服（作業）も貸与されている。また、業務遂行の成果としての利益はすべて九電が享受し、検針員は毎月定まった手数料が支払われるだけであって、そこには検針員が自己の才覚、能力で利潤の獲得を図るがごとき、営利企業としての独立性がそもそも否定されている。よって検針員が受ける手数料は、事業から生じる所得ではなく、九電との従属的雇用関係に基づき支給される労働の対価としての賃金に他ならないと原告側は主張しているのである。同上。

(17) 委託手数料が出来高払いであり、本人に利益が帰属することと、一方かなりの費用負担が発生するというリスク負担を本件の検針員らが負担しているため、事業所得とされたのではないかという指摘がある。「本件においては、いかなる業務（と言っても分量を除くと内容が変更されうる項目はごく限られていると考えられるが）を行う義務を負うかが個々の検針員（受領者）と九電（支払者）との間で個別に決定されており、その内容（受持枚数と呼ばれる分量）に応じて収入金額が決定されること、および、業務遂行に必要な器具（バイク）を九電ではなく検針員が購入していることが、所得の分類を決定するにあたって重要な要素と考えられている。この前者の事実は、個々の検針員が九電との個別交渉によって自らの収入の高を決定しているということであり、また、後者の事実は個々の検針員の判断で業務遂行に必要な費用の支出を決定しているということを示している。ここから－実際には考えにくいとしても－バイクの購入、維持管理費用が業務委託によって受ける収入を上回る可能性なども否定できず、その意味で、本件の検針員らは「自らの危険と計算」によって委託業務を行っていると判断されたものであろう。」佐藤・前掲注（4）404頁。

(18) 訟月14巻6号699頁。

(19) 注解所得税法研究会編（大蔵財務協会、2001年）331頁。

(20) 非独立性の要件は、給与所得に関する最も重要な判断基準であるが、従属性の要件は、給与所得であるか否かの重要な判断基準ではないとの指摘がある。佐藤英明「『給与』をめぐる課税問題―諸問題の概観」総合税制研究第12号219頁、2004年3月。

(21) 訟月46巻9号3713頁。

(22) 「従属性」の基準に該当する事実は外形的に判断することが可能であるため、事案によっては明白であり、給与所得であるか否かの重要な判断基準となりうるという指摘がある。たとえば、このりんご生産組合事件では、一般作業員と同じく、管理者の作業指示に従って作業に従事し、作業時間がタイムカードによって記録されていたという事実から、組合員が受け取る金銭が給与所得であると判断されているという見解がある。佐藤・前掲注（4）401頁。

(23) 前掲注（18）。

(24) 税資243号153頁。

(25) 「給与所得該当性を判断する際、なぜ従属的労務性を要件として求めるかというと、従業員の給与、労働時間、働き方などの給与所得の大きさを左右する重要な条件が、使用者との間の労働契約等であらかじめ決定され、従業員は、それに従って労務を提供することを使用者との間で義務づけられ、その対価として給与等の支払いを受けるという法関係のもとで、原則として給与所得の大きさが固定性、拘束性、非弾力性をもつからだと思われる。」田中・前掲注（3）43頁。

(26) 前掲注（19）。

(27) 前掲注（18）。

(28) 前掲注（12）。

(29) 前掲注（18）。

(30) 小池和彰「給与所得者の必要経費―費用収益対応の観点から―」會計第169巻第4号2006年4月。

《編著者紹介》

小池和彦（こいけ・かずあき）

1986年　東北学院大学経済学部経済学科卒業
1988年　早稲田大学大学院商学研究科修士課程修了
1992年　早稲田大学大学院商学研究科博士後期課程単位取得退学
同　年　京都産業大学経営学部専任講師
京都産業大学経営学部教授を経て
東北学院大学経営学部教授，現職。

主要著書

『現代会社簿記論』（共著）中央経済社，1993年。

『国際化時代と会計』（共著）中央経済社，1994年。

『現代会計研究』（共著）白桃書房，2002年。

『タックス・プランニング入門』（単著）創成社，2011年。

『アカウンティング・トピックス（増補第二版）』（単著）創成社，2016年。

『税理士になろう！』（編著）創成社，2017年。

『給与所得者の必要経費　増補改訂版』（単著）税務経理協会，2017年。

『解説法人税法第5版』（共著）税務経理協会，2018年。

『新中級商業簿記』（共著）創成社，2019年。

『新入門商業簿記』（共著）創成社，2019年。

『税理士になろう！2』（編著）創成社，2019年。

『財政支出削減の理論と財源確保の手段に関する諸問題』（単著）税務経理協会，2020年。

『解説所得税法第6版』（共著）税務経理協会，2022年。

『税理士になろう！3』（編著）創成社，2023年。

『現代租税法研究』（編著）創成社，2024年。


（検印省略）

2024年2月20日　初版発行　　略称 — 税理士4

税理士になろう！4

編著者　小池和彦
協　力　東北税理士会
発行者　塚田尚寛

発行所　東京都文京区春日2－13－1　株式会社 創成社

電　話　03（3868）3867　FAX　03（5802）6802
出版部　03（3868）3857　FAX　03（5802）6801
http://www.books-sosei.com 振　替　00150-9-191261

定価はカバーに表示してあります。

©2024 Kazuaki Koike
ISBN978-4-7944-1594-3 C3034
Printed in Japan

組版：スリーエス　印刷：エーヴィスシステムズ
製本：エーヴィスシステムズ
落丁・乱丁本はお取り替えいたします。

簿記・会計選書

税理士になろう！4	小池和彰 編著 東北税理士会 協力	2,000円
税理士になろう！3	小池和彰 編著 東北税理士会 協力	2,100円
税理士になろう！2	小池和彰 編著 東北学院大学職業会計人TG会 協力	1,850円
税理士になろう！	小池和彰 編著 東北学院大学会計人会 協力	1,700円
タックス・プランニング入門	小池和彰 著	1,900円
基礎から学ぶ アカウンティング入門	古賀智敏・遠藤秀紀 片桐俊男・田代景子 著 松脇昌美	2,600円
会計・ファイナンスの基礎・基本	島本克彦・片上孝洋 粂井淳子・引地夏奈子 著 藤原大花	2,500円
税務会計論	柳裕治 編著	2,400円
全国経理教育協会 公式 簿記会計仕訳ハンドブック	上野清貴・吉田智也 編著	1,200円
会計の基礎ハンドブック	柳田仁 編著	2,775円
ＩＦＲＳ教育の基礎研究	柴健次 編著	3,500円
ＩＦＲＳ教育の実践研究	柴健次 編著	2,900円
非営利・政府会計テキスト	宮本幸平 著	2,000円
ゼミナール監査論	山本貴啓 著	3,000円
コンピュータ会計基礎	河合久・櫻井康弘 成田博・堀内恵 著	1,900円

（本体価格）

創成社